新时代
高校思想政治教育方法的创新与实践

主　编◎刘学民
副主编◎冯　鑫　张峻铭

中国出版集团有限公司
研究出版社

图书在版编目（CIP）数据

新时代高校思想政治教育方法的创新与实践 / 刘学民主编；冯鑫，张峻铭副主编 . — 北京：研究出版社，2024.3

ISBN 978-7-5199-1653-4

Ⅰ . ①新… Ⅱ . ①刘… ②冯… ③张… Ⅲ . ①高等学校－思想政治教育－研究－中国 Ⅳ . ① G641

中国国家版本馆 CIP 数据核字（2024）第 056172 号

出 品 人：陈建军
出版统筹：丁　波
责任编辑：林　娜

新时代高校思想政治教育方法的创新与实践
XINSHIDAI GAOXIAO SIXIANG ZHENGZHI JIAOYU FANGFA DE CHUANGXIN YU SHIJIAN
刘学民　主编
冯鑫　张峻铭　副主编
研究出版社 出版发行
（100006　北京市东城区灯市口大街 100 号华腾商务楼）
北京建宏印刷有限公司印刷　新华书店经销
2024 年 4 月第 1 版　2024 年 4 月第 1 次印刷
开本：880 毫米 ×1230 毫米　1/32　印张：6.75
字数：127 千字
ISBN 978-7-5199-1653-4　定价：58.00 元
电话（010）64217619　64217652（发行部）

《新时代高校思想政治教育方法的创新与实践》编委会

目　录

新时代教育强国视域下民办高校学生党建工作高质量发展探析

陈玲　张峻铭

（重庆城市科技学院　重庆永川　402167）

摘要：民办高校学生党建工作高质量发展是贯彻新时代党的建设总要求的必然选择，是办好党和人民满意的民办高等教育的必要举措，是落实高校立德树人根本任务的重要途径。在加快建设教育强国的背景下，必须以守正、规范、协同、创新为着力点，推进民办高校学生党建工作高质量发展。

关键词：教育强国；学生党建；高质量发展；民办高校

党的二十大报告中提出，“教育、科技、人才是全面建设社会主义现代化国家的基础性、战略性支撑”，要“引导规范民办教育发展”“加快建设高质量教育体系”“加快建设教育强国”。作为国民教育体系的组成部分，我国民办高校担负着“为党育人、为国育才”的重大使命任务。展望2035年建成教育强国的重大目标任务，聚焦立德树人的根本任务，以问题为导向，加强新时代民办高校党的建设，以高质量学生党建推动民办高校高质量发展，是加快建设高质量现代化教育体系、办好人民满意的民办高等教育的根本保证。

一、新时代教育强国视域下民办高校学生党建工作的现实审视

习近平总书记在全国教育大会上指出："各级各类学校党组织要把抓好学校党建工作作为办学治校的基本功。"[1]近年来，随着民办高等教育的快速发展，我国民办高校学生党建工作经历从无到有，逐步发展并日趋规范，取得了一系列成效，比较突出的是大学生党员发展质量不断提升、教育培养规范性不断增强、党支部组织生活形式不断创新。但是在高质量发展目标下，民办高校学生党建工作仍存在一定薄弱环节与问题。

（一）政治引领性有待增强

《中共中央关于加强党的政治建设的意见》强调，政治属性是党组织的根本属性，政治功能是党组织的基本功能。[2]党的十八大以来，随着全面从严治党向基层延伸，民办高校学生党支部的政治功能不断增强，但与新时代高校全面贯彻党的教育方针、落实立德树人根本任务的要求还存在一定差距，政治引领性有待加强。例如，在发展党员工作上，往往为了操作简便、看起来"有说服力"而将学业成绩作为最重要的参考指标，忽视了对发展对象政治觉悟、入党动机的全面考察；在组织生活方面，"三会一课"形式化、主题党日娱乐化，学生党员"轮流摊派"政治理论学习任务

以及“走过场式”批评与自我批评；等等。这些问题弱化了高校学生党支部的政治功能，削弱了学生党支部的战斗堡垒作用。

（二）组织规范性有待完善

习近平总书记强调，“要加强支部标准化、规范化建设”[3]。标准化、规范化建设是保障党支部发挥战斗堡垒作用的重要途径，是新时代民办高校学生党建工作高质量发展的必然要求。党的十八大以来，虽然民办高校学生党建工作规范性、学生党员教育管理专业性不断增强，但在实际工作开展中，仍存在组织规范性不足的问题。例如，部分民办高校学生党支部设置不合理，存在“大支部”现象；在发展党员过程中，个别党支部未能定时更新发展党员档案，存在集中“补办”的现象，时间节点把握和培养材料填报的规范性有待提高；不少民办高校的学生党建网络宣传平台存在信息内容陈旧、语言措辞不规范等问题。

（三）队伍专业性有待进步

做好民办高校学生党建工作的关键是要有一支信念坚、政治强、本领高、业务精、作风硬的党务工作者队伍。然而，高校基层学生党支部书记多由辅导员或专业教师担任，辅导员往往工作年限较短且身兼数职，困囿于繁杂琐碎的事务性工作，在一定程度上，党建工作业务能力不足，缺乏工作经验与精力；专业教师教学、科研任务繁重，在处理事务性工作、学生党员教育管理或指导开展党建活动时常常力不从心。尤其是，民办高校专职辅导员与教师的总量相对于普通高校要少，工作任务更加繁重，工作流动性更强，导致民办高校学生党建工作队伍在数量、质量上相较更为滞后。此外，高校学生党支部支委多由优秀的高年级学生党员担任，存在流动性强、培养周期较短的问题，加之民办高校学生党员质量参差不齐、业务培训力度较弱，支委的党建工作基本功普遍薄弱。可见，为推动民办高校党建工作高质量发展，提升学生党建工作队伍专业性，加强学生党建工作队伍建设至关重要。

（四）工作创新性有待提升

在全面从严治党向基层延伸的大背景下，民办高校学生党支部组织生活的主题一般都由学校、院（系）党组织统一部署安排，且多以讲话精神和文件等理论学习为主。因此，虽主题党日等组织生活形式的新探索给民办高校学生党支部组织生活注入了新的活力，但学生党支部组织生活还是存在理论性太强、说教味过浓的问题，“一言堂”“满堂灌”“台上书记念念文件，台下党员写写作业”式的理论学习形式屡见不鲜。尤其是，部分民办高校学生党支部主动创新意识不足，未注重支部组织生活仪式化、特色化、时代化、教育化的探索与实践，仅被动应付组织生活的“规定工作”，支部组织生活脱离大学生实际、缺乏吸引力，进而学生党员参与支部组织生活的积极性大大降低，也进一步导致了组织凝聚力不强、学生党员身份意识弱化和党支部建设虚化等问题。

二、新时代教育强国视域下民办高校学生党建工作高质量发展的路径选择

“教育是国之大计、党之大计。”党的领导在教育系统中能不能有效实现，取决于教育系统党的组织体系健不健全，党的建设抓得好不好。[4]立足中国式教育现代化，民办高校要重视党建工作这一办学治校的“基本功”，坚持立德树人的根本任务，以守正、规范、协同、创新为着力点，进一步加强政治建设、制度建设、队伍建设以及阵地建设，扎实推进民办高校学生党建工作高质量发展。

（一）守正：以政治建设为统领，增强学生党建工作引领力

加强党的政治建设是发展一切事业的根本保障。[5]守正，就是要始终把党的政治建设摆在首位，守住高校学生党支部的政治属性，突出其政治功能，发挥学生党支部的战斗力、凝聚力、向心力。第一，要提高政治站位。民办高校要从为中国特色社会主义事业培养合格建设者和可靠接班人的高度来认识学生党建工作的重要性，切实加强学生党支部的政治

建设，积极探索学生党建工作与大学生思想政治教育有机融合的新路径，切实帮助大学生坚定马克思主义信仰和中国特色社会主义信念，树立为中华民族伟大复兴而读书的崇高理想。第二，要加强政治引领。学生党员作为大学生群体中的先进分子，必须旗帜鲜明地讲政治。学生党支部作为高校基层党组织的组成部分，必须以政治引领夯实学生党员的信仰根基，引导学生党员自觉加强党性锤炼、强化政治意识、提升政治素养，发挥基层党组织的战斗堡垒作用。第三，要强化政治担当。对党忠诚、勇于担当是对全体党员的思想和行为要求。民办高校要注重发挥学生党支部书记和支部委员的“领头雁”作用，将强化党支部政治功能、提升党员政治素养作为学生党建工作第一要务，在学生党员的培养、教育、管理中主动担当作为，切实带领学生党员在理论学习和实践探索中筑牢思想政治根基。

（二）规范：以制度建设为基础，增强学生党建工作保障力

制度是党组织各项工作有序开展的重要保障与基础，制度治党是更具长期性、根本性、稳定性的治党方式。要推动高质量发展必须建立健全民办高校学生党建工作制度体系，为各项具体工作提供基本遵循，切实提升支部组织建设与管理的规范化水平。具体而言，第一，建立健全党内组织生活制度。在制度文件中明确每项党内组织生活的开展规范，严

格落实“三会一课”、主题党日、谈心谈话、民主评议党员等制度，确保“规定动作”不走样、“自选动作”有特色。第二，建立健全发展学生党员制度。根据《中国共产党普通高等学校基层组织工作条例》《中国共产党支部工作条例（试行）》以及《中国共产党发展党员工作细则》等制定具有可操作性的民办高校发展学生党员工作细则，明确发展学生党员的标准要求与考察流程，加强学生党员发展过程规范化建设。第三，建立健全党员教育管理服务制度。紧跟时代发展，坚持问题导向，建立健全学生党员、学生党支部书记、学生党支部、院（系）学生党建工作考评制度，建立健全优秀基层党组织、优秀共产党员、优秀党务工作者表彰制度，以及流动党员、出国（境）党员管理制度、党员党组织关系转接制度，制定支部党员管理细则与学生党员先锋指数考评量表，实现对党员教育管理的全方位、全过程管理。此外，立足学生党建工作发展实际与大学生成长需求，创造性地构建新时代党员教育管理培养体系，切实提升学生党员发展质量与综合素质，例如，入党积极分子动态培养考察体系、“五个红色”党员教育管理体系等。

（三）协同：以队伍建设为抓手，增强学生党建工作支撑力

高校学生党建工作是一个由多方育人力量相互作用有机构成的大系统，只有树立“大党建工作队伍”的理念，激

发培养各方育人的主体性与能动性，统筹凝聚起协同合作的强大合力，才能推动民办高校学生党建工作高质量发展。第一，建强学生党务工作者队伍。选优配强院（系）党组织书记、副书记、组织员，探索建立优秀辅导员、骨干教师担任学生党支部书记制度，以及学校、院（系）党组织领导班子成员联系学生党支部制度，为学生党支部建设提供全过程、全方位指导。同时，深入开展大学生党建工作专题研究，针对不同群体开展常态化、专业化、体系化培训，提升学生党务工作者指导学生党建工作的能力和水平。第二，建强党建学生干部工作者队伍。建立科学的选拔标准和规范的选拔程序，持续做好从“政治素质优、工作能力强、群众基础好”的优秀大学生党员中选拔学生党支部书记和支部委员工作；创造性建立学校、院（系）两级“大学生党建类”社团组织，扎实开展学生日常党务和党建活动组织等教育管理服务工作，提升民办高校学生党建工作影响力、创造力、吸引力。第三，建强思政课教师和其他课程教师兼职队伍。将学生党建与“课程思政”有机融合，实施“课程思政立项培育计划”，建立健全优秀思政课教师担任党课教师、其他课程优秀教师骨干担任学生党支部书记、教师党支部联系学生党支部等制度，专门成立“党的二十大精神‘进校园’”等宣讲队伍，使各类课程教学与思政课程教学同向同行，思政课教师、其他课程教师与学生党建工作队伍同频共振，形成协同育人效应。

（四）创新：以阵地建设为载体，增强学生党建工作吸引力

“学生在哪里，思想政治工作的重点就在哪里，党建工作的阵地就在哪里。”作为党组织发挥战斗堡垒作用的重要保障，民办高校学生党建工作要高度重视阵地建设，并从扩大辐射范围、增强实际影响、有效发挥作用等三个方面重点努力。第一，筑牢组织阵地。创新大学生党支部设置模式，“以学科专业为依托设置党支部、以科研团队为单位设置党支部、在学生团学组织中设置党支部、在优秀青年群体中设置党支部、因地制宜组建功能型党小组”[6]，确保党组织和党的工作在大学生党员群体中的全覆盖。第二，优化场所环境阵地。环境与情境是思想政治教育不可或缺的要素，合适的环境或情境有助于提升育人实效。学校及各院（系）应设置专门的学生党员活动室，并进行“学习园地”“红色党史墙”“荣誉墙”等的设置和电脑、投影仪、党建学习资料等硬件设备的准备，既为学生党建活动开展营造良好的场地环境，也发挥校园文化“润物细无声”的教育意蕴。第三，创建网络教育阵地。民办高校学生党建要积极打造“两微一站一端”网络党建宣传教育阵地，探索建立融教育、管理、服务于一体的大学生智慧党建平台。特别是要充分利用直播软件、社交软件、会议软件等技术平台来突破时空限制，做到学生党建工作“不停摆”、组织生活“不断线”，真正把网络

这个最大的变量变成推进民办高校学生党建工作高质量发展的最大增量。第四，构建特色活动阵地。将理论与实践有机结合，充分利用当地红色文化资源，打造系列特色党建品牌活动，以微党课、主题演讲、朗诵、征文、志愿服务等大学生党员喜闻乐见的活动形式，拓宽学生党员教育的渠道，增强党内组织生活的吸引力与感染力，切实提升党建组织育人实效。

参考文献

[1] 教育部课题组．深入学习习近平关于教育的重要论述 [M]. 北京：人民出版社，2019: 106.

[2] 中共中央关于加强党的政治建设的意见（2019 年 1 月 31 日）[N]. 人民日报，2019-02-28.

[3] 习近平．在全国组织工作会议上的讲话 [M]. 北京：人民出版社，2018：14.

[4] 习近平总书记教育重要论述讲义 [M]. 北京：高等教育出版社，2020：34.

[5] 蔡荃．新时代建设教育强国背景下高校党建工作高质量发展的思考与探析 [J]. 北京教育（高教），2022(2)：78-80.

[6] 宋之帅，马文革．创新高校学生党支部设置模式的探索与实践——以合肥工业大学为例 [J]. 思想理论教育导刊，2019(2): 154-155.

新时代高校劳动教育实践路径研究

蔡萍

（重庆城市科技学院　重庆永川　402167）

摘要：劳动教育是高校落实立德树人根本任务的重要途径，更是筑牢立德树人阵地的重要基石[1]。自党的十八大以来，以习近平同志为核心的党中央高度重视劳动教育工作。在全国劳动模范和先进工作者表彰大会上，习近平总书记指出："把劳动教育纳入人才培养全过程，贯通大中小学各学段和家庭、学校、社会各方面，教育引导青少年树立以辛勤劳动为荣、以好逸恶劳为耻的劳动观，培养一代又一代热爱劳动、勤于劳动、善于劳动的高素质劳动者。"[2]基于新时代背景，本文从国家、高校和个人三个层面探讨了加强大学生劳动教育的现实意义，并提出强化大学生劳动教育思想意识和加强实践锻炼两条途径以推进高校劳动教育。

关键词：劳动；劳动教育；劳动者

一、加强新时代大学生劳动教育的现实意义

一是加强大学生劳动教育是实现中华民族伟大复兴的题中之义。当前，百年未有之大变局加速演进，我国正处在从工业大国向工业强国迈进的关键时期，弘扬严谨认真、精

益求精、追求完美的工匠精神，培养一代又一代高素质劳动者，对于全面建成社会主义现代化强国、实现中华民族伟大复兴具有重要意义。“不惰者，众善之师也。”新时代背景下，积极引导广大青年树立尊重劳动成果、热爱劳动的价值观，弘扬民族精神和时代精神，培养时代新人，为实现中华民族伟大复兴的中国梦而贡献力量。

二是加强大学生劳动教育是落实立德树人根本任务的内在需要。《关于全面加强新时代大中小学劳动教育的意见》指出：“劳动教育是国民教育体系的重要内容，是学生成长的必要途径。”[3] 换言之，劳动教育对于学生成长成才是必不可少的。高校作为培养高素质人才的重要阵地，加强学生劳动教育，在学生中弘扬劳动精神，教育引导学生树立正确的劳动价值观，是高等教育的重要责任。

三是加强大学生劳动教育是推动青年大学生全面发展的本质要求。关于人的全面发展，马克思认为生产劳动同智育和体育相结合是造就全面发展的人的唯一方法[4]。推动青年大学生全面发展既是培育时代新人的内在要求，也是使命推进育人的本质要求。积极推进高校劳动教育，不断落实“五育”并举，让广大青年真正懂得劳动教育的真谛，使劳动教育实现真正落地生根。劳动教育中蕴藏着德、智、体、美的内涵要求，不断落实“五育”并举，推动高校学子成为合格的社会主义建设者和可靠接班人。

二、加强新时代大学生劳动教育的实践路径

新时代加强大学生劳动教育，是推动青年大学生全面发展的本质要求，也是落实立德树人根本任务的内在需要，更是实现中华民族伟大复兴的题中之义。对于大学生劳动教育的加强，应从理论和实践两个层面做起。

一是强化大学生劳动教育思想意识。“意识形态工作是党的一项极端重要的工作”，高校在开展劳动教育工作的过程中，强化大学生劳动教育思想意识尤为重要。正确的劳动价值观有利于学生的成长成才，反之，错误的劳动价值观则不利于学生的发展，甚至会导致学生误入歧途。马克思认为：“理论只要说服人，就能掌握群众；而理论只要彻底，就能说服人。所谓彻底，就是抓住事物的根本。”[5]因此，在理论层面，对于“什么是劳动”“为什么劳动”“怎样劳动”等基本问题，要对学生做好解答，使其明白其中道理，从而达到自觉自为的目标。[6]

二是加强实践锻炼。加强实践锻炼，就是要将价值引领贯穿大学生日常和专业劳动实践当中。充分利用如宿舍内务整理、公共场所打扫、图书馆书籍整理等途径来促使大学生亲身参与劳动实践，切实让大学生感受生活的艰难。同时，增加专业劳动实践教学比例，以实践育人为抓手，推动课程思政不断深化。

参考文献

[1] 陈国秀．建构主义理论视角下提升高校劳动教育实效性的路径探究 [J]. 思想教育研究，2022(06)：153-156.

[2] 习近平．在全国劳动模范和先进工作者表彰大会上的讲话 [N]. 人民日报，2020-11-25(002).

[3] 中共中央、国务院关于全面加强新时代大中小学劳动教育的意见 [N]. 人民日报，2020-03-27(001).

[4] 马克思恩格斯全集第 23 卷 [M]. 北京：人民出版社，1972.

[5] 马克思恩格斯选集第 2 卷 [M]. 北京：人民出版社，2012.

[6] 徐喜春．大学生劳动教育的价值引领意蕴及其实现 [J]. 北京航空航天大学学报（社会科学版），2022，35(04)：19-24.

新时代下高校大学生
思想政治教育多元化思考

陈楚乔

（重庆城市科技学院　重庆永川　402167）

摘要：高校应明确新时代对思想政治教育的新要求，在此基础上积极探索多元化、创新性思想政治教育路径，其次，要积极借鉴各种有益的教学实践探索，让教育方法变得更轻松、更便利。另外要利用好信息技术所带来的便利，活用新媒体、新技术，教育和鼓励大学生上好思想政治课。

关键词：新时代；大学生；思想政治教育；多元化

2022 年 10 月 16 日上午，举世瞩目的中国共产党第二十次全国代表大会在北京人民大会堂隆重开幕。党的二十大报告寄语青年：“青年强，则国家强。当代中国青年生逢其时，施展才干的舞台无比广阔，实现梦想的前景无比光明。”而新时代下高校大学生思想政治教育多元化则显得尤为重要。

一、思想政治教育水平是衡量高校教育水平的标准之一

思想政治教育水平如何，是衡量高校教育水平的标准之

一。因此，高校普遍重视思想政治教育。在新时代的背景下，学生获得信息的渠道日益广泛，特别是互联网信息资源十分丰富，高校需要站在新时代背景下，科学审视思想教育的重要价值，从推动思想政治教育多元创新的角度持续优化工作体系。同时还要在应用信息技术等方面切实加大工作力度，推动网络思想政治教育向纵深发展。

在新时代背景下，高校不仅要巩固传统思想政治教育阵地，还要大力推动现代思想政治教育形式创新，只有这样，才能使思想政治教育更具有吸引力、影响力，同时也能够发挥学生主观能动作用，促进学生自我教育。对此，高校应该适应新时代，加大新时代教育创新，丰富思想政治教育形式，特别是要在构建“线上”与“线下”相结合的教育形式方面进行实践和探索，促进思想政治教育融合创新。信息技术的快速发展，新媒体的应用日益广泛。传统媒体交互性不强、传播速度慢、吸引力薄弱，而新媒体应用于思想政治教育领域，能够对此进行优势互补，在课堂教学中应用新媒体，可以推动混合式教学的有效应用。教师也可以利用各类社交平台开展更具有针对性的思想政治教育，解决大学生面临的思想困境。

二、在新时代背景下需要强化大学生思想政治建设

我党历来重视大学生思想教育，关注他们在意识形态方面的成长。在新时代背景下，更需要进一步强化大学生思想政治教育建设，宣传新时代高校思想政治教育的指导思想。部分年轻人具有思想单纯、处于叛逆期、易冲动等特点，我们必须利用好思想政治教育，帮助大学生树立正确的责任观和强烈的使命感，在筑牢思想防线的基础上，培育怀有崇高理想和家国情怀的可靠建设者和接班人。大学阶段，很多学生正在逐渐形成自己的价值观。新时代大学生要树立社会主义核心价值观，需要依靠高校思想政治教育结合新时代的道德规范进行传承和创新。

当前世界形成了思想多元化的趋势，大学生可能会通过互联网接触到各类错误思潮，这将对其个人成长造成负面影响。高校思想政治教育是筑牢大学生思想防线的重要法宝，是抵御各种错误思想的有力武器。而推进传统文化教育，可以让学生们认识到我国传统文化的魅力所在，使爱国主义、使命感和为人民服务的理念深植大学生的灵魂。

在新时代，对高校思想政治教育提出了更高要求，只有适应新时代，大力推动高校思想政治教育多元化，才能提升思想政治教育质量，进而强化学生思想政治素质。首先，高校应明确新时代对思想政治教育的新要求，在此基础上积极

探索多元化、创新性思想政治教育路径。其次，要积极借鉴各种有益的教学实践探索，让教育方法变得更轻松、更便利。再次，要利用好信息技术所带来的便利，活用新媒体、新技术，教育和鼓励大学生上好思想政治课。

参考文献

[1] 贾元昌. 后现代思潮背景下大学生思想政治教育工作的对策和创新 [D]. 天津商业大学，2013.

[2] 徐曼. “微时代”大学生思想政治教育工作研究 [D]. 沈阳师范大学，2014.

[3] 唐淑玲. “微时代”背景下大学生思想政治教育载体应用研究 [D]. 重庆工商大学，2014.

[4] 余靖. 新媒体背景下大学生思想政治教育工作的创新思考 [J]. 湖北经济学院学报（人文社会科学版），2014(9): 149-150.

教育数字化转型中关于课程思政的思考

陈虹旭

（重庆城市科技学院　重庆永川　402167）

摘要：随着大数据、云计算、人工智能、5G、区块链、物联网等新一代信息技术取得重大发展和突破，如今数字技术向社会各个领域全面渗透融合，教育数字化转型是顺应时代发展，将数字技术与教育融合的必经路径。然而在教育数字化转型的过程中，在“大思政”的背景下，还需将思想政治教育元素融入数字化教育的全体系、全过程，以落实“立德树人”的教育为根本任务。

关键词：教育数字化；数字化转型；课程思政；信息变革

一、引言

数字技术的蓬勃发展，当今时代，数字技术、数字经济是世界科技革命和产业变革的趋势，世界各国、各领域、各产业都在积极推进数字化变革，依托其各自优势，抢占未来发展先机。教育领域在数字化转型中，抓住历史发展机遇，从顶层设计的高度规划布局教育的信息化转型，从全员、全过程、全课程的育人格局将课程思政融入教育数字化转型中。《中国教育现代化 2035》指出：“加快信息化时代教育变革。利用现代技术加快推动人才培养模式改革，实现规模化教育与个性化培养的有机结合。创新教育服务业态，建立数字教育资源共建共享机制，完善利益分配机制、知识产权保护制度和新型教育服务监管制度。推进教育治理方式变革，加快形成现代化的教育管理与监测体系，推进管理精准化和决策科学化。”习近平总书记在全国高校思想政治工作会议中提到“要坚持把立德树人作为中心环节，把思想政治工作贯穿教育教学全过程，实现全程育人、全方位育人”。文件和讲话指明了中国教育数字化的坚定方向，同时在“大思政课”背景下，教育除了需达到知识传授的“智育”目的，还需兼顾立德树人的“德育”功能。

课程思政是一种育人理念，其目的是实现各类课程与思想政治理论课的同向同行，实现协同育人，其主要形式是将思想政治教育元素，包括思想政治教育的理论知识、价值理念以及精神追求等融入各门课程中去，潜移默化地对学生的思想意识、行为举止产生影响。教育部 2020 年印发的《高等学校课程思政建设指导纲要》中提到：“要创新课堂教学模式，推进现代信息技术在课程思政教学中的应用，激发学生学习兴趣，引导学生深入思考。要健全高校课堂教学管理体系，改进课堂教学过程管理，提高课程思政内涵融入课堂教学的水平”。在当前数字经济时代，推动高校落实立德树人目标，进行课程思政数字化转变，深挖思政元素，提升学生专业知识与思想政治道德素养。

二、高校课程思政教育与数字化教学手段应用实践

将专业知识与课程思政有机结合，并利用数字化教学手段对教学的各个环节进行改造、补充和优化，不仅可以丰富专业课程的教学内容，而且有助于最大化发挥专业课程的育人功能，同时实现“智育”和“德育”的作用。然而目前高校中的专业课程的思政教育滞后，且数字化应用范围和水平参差不齐，使得专业课程承载的“德育”功能无法完全突显出来。

以重庆城市科技学院经济管理学院学生的大经管生态圈实习实训为例。在数字经济社会形态下，为顺应新时代人才专业能力和职业素养的培养要求，经济管理学院构建经管类跨专业模拟实践的全景式实验教学平台，构建新商科的实践教学体系，大经管生态圈包括了服务大厅、制造企业群、商贸企业群、区块链营销创新中心、大数据处理中心、中小企业孵化中心、创新思维训练中心、双创服务中心、金融仿真中心、财会仿真中心和营销仿真中心，加之大经管生态圈以“大仁、大德、大度、大气”为精神，巧妙地融入思政元素。整个实训实践以数字化资源和操作平台为依托，打造实景模拟基地，根据学生所选择的岗位，个性化地设置岗位业务流

程和考核目标，教师通过任务驱动、虚拟仿真、情景模拟、实操示范等教学方式，使学生能够掌握专业知识，增进对职场胜任力的认知，也潜移默化学生的行为和价值观。

第一，数字化水平不高。大经管生态圈在实践的过程中依托数字化平台，使学生可以仿真模拟经济社会各个环节的商务实操。整个实践与数字化的结合在教学的应用场景还有待拓展，如教学评价、教学管理、科研服务等，充分丰富数字化教育全过程，坚持以教育为中心，利用数字平台的快速和定期评估使得教育更加个性化和科学化。

第二，思政元素结合不够紧密。大经管生态实训与思政的有机融合主要依靠老师的引导和课程任务驱动。优化实训课程的数字化教学设计，深入挖掘岗位的道德素养和人文情怀，在专业实践的数字化课程基础上延伸思政教育内涵。将“课程思政”与专业实践相结合是商科教学的新探索。因此可从学科建设的角度做好顶层设计，转变教师的教学观念和任课方式，创新开发课程，补充完善教学内容，以提高实训质量和育人效果为教学目标，使培养学生在模拟经济社会过程中坚定正确主流价值观，培养学生崇高的品格和爱岗敬业的优秀品质。

三、数字化背景下课程思政建设思路

教育数字化背景下，课程思政的建设是一项系统工程。

需要学校高度重视，从顶层规划，全盘考虑，以立德树人为根本，结合课程特点，利用信息数字技术为课程思政教学赋能，通过深化课程目标、内容、结构、模式等方面的改革，把政治认同、国家意识、文化自信、人格养成等思想政治教育导向与各类课程固有的知识、技能传授有机融合，促进学生的自由全面发展，充分发挥教育教书育人的作用，实现“智育”和“德育”的协同效应。

第一，优化专业课程的数字化设计，深挖专业课程与之相关的思政元素。如政治导向、核心价值、职业素养、职业责任感和使命感方面分别推进思政教学，在专业知识教授中延伸思想政治教育内涵。如通过引导学生观看视频资料、教学课件等课程资料，完成专业知识的教学和社会主义核心价值观的渗透，结合课堂任务驱动，引导学生完成知识的吸收和创新，实现学生思想政治觉悟的提升。

第二，持续更新专业课程的数字资源，推陈出新。紧跟专业当前的最新脉络，结合专业特性，将课程思政元素融入专业的课程设计中。补充优化专业教材，找到教材中知识点与思政主题的契合点，更新教师的教学方法与手段，让学生在教学过程中不断受到思想政治教育的熏陶和感染。

第三，加强教师自身的思想政治素养和数字化能力。挖掘课程所体现的思政元素，搜索利用国内外在线教学平台资源进行教学内容设计，可将课堂拓展到课外，学生利用数字平台进行预习或自学，教师根据线上学习情况有针对性地开展线下教学。思政部分以问题为导向，关注专业教学中学生可能面对的思想问题，从专业角度进行梳理，与实际生活相联系，在整个专业教育过程中始终贯穿思想政治教育，使学生能将专业知识实践到现实问题中，实现全程育人、全员育人和全方位育人。

参考文献

[1] 冯珍珍．教育数字化发展的新趋势及其反思[J]. 教育发展研究，2012，32(增刊2)：116–120.
[2] 吴砥，李环，尉小荣．教育数字化转型：国际背景、发展需求与推进路径[J]. 中国远程教育，2022(7)：21–27，58，79.
[3] 黄荣怀，杨俊锋．教育数字化转型的内涵与实施路径[N]. 中国教育报，2022-04-06(4).
[4] 祝智庭，胡姣．教育数字化转型的本质探析与研究展望[J]. 中国电化教育，2022，(4)：1–8，25.
[5] 王姝莉，黄漫婷，胡小勇．美国、欧盟、德国、法国和俄罗斯教育数字化转型分析[J]. 中国教育信息化，(2022)，28(6)：13–19.
[6] 黄荣怀．论科技与教育的系统性融合[J]. 中国远程教育，2022，(07)：4–12，78.
[7] 王运武，庄榕霞，陈祎雯，等．5G时代的新一代智慧校园建设[J]. 中国医学教育技术，2021，35(2)：143–149.

新时代“全方位育人”理念下高校思政队伍建设的若干思考——以重庆城市科技学院为例

刘学民　冯鑫　陈玲

（重庆城市科技学院　重庆永川　402167）

摘要：思想政治工作是学校各项工作的生命线，加强思政队伍建设是落实立德树人根本任务，推动高校高质量发展的重要基础。本文立足高校人才队伍建设的现状，探索新时代高校思政队伍建设的路径，以构建高校全方位育人体系，为高校高质量发展提供人才保障。

关键词：高校；思政队伍建设；全方位育人

习近平总书记在全国高校思想政治工作会议上强调：“要坚持把立德树人作为中心环节，把思想政治工作贯穿教育教学全过程，实现全程育人、全方位育人，努力开创我国高等教育事业新局面。”思想政治工作是生命线，就要强调这条线既利害攸关，影响全局，又具有连续性，贯穿始终，工作的主体是不仅限于思政课教师及对应的思政课堂的，如何整合协同高校各方因素，形成育人合力，是广大思政工作者当前必须思考和解决的问题。通过深入学习贯彻习近平新时代中国特色社会主义思想，坚持目标导向、问题导向、效果导向，根据当前学校的实际情况探求合理可实施性的路径，切实把主题教育成效转化为做好思政队伍建设的工作，是推动学校整体发展的生动实践。

一、“全方位育人”理念下高校人才队伍建设的现状

（一）高校专职教师队伍建设的现状

1. 专业性有余、政治性不足

第一，教师政治素养存在不足。教师政治素养是指教师掌握法律、政策、规章等相关知识的能力和基本素养。在实际工作中，一些教师在政治素养方面存在不足。首先，一些教师对国家法律、政策、规章等方面的知识了解不足，缺乏正确的政治理解能力。这使得他们在处理教育教学中遇到政治问题时感到十分困难和棘手。其次，一些教师的思想政治觉悟不高，对参与国家事务和社会管理等活动缺乏兴趣和积极性。这些教师无法在教育教学中表现出正确的政治态度和正确的政治行为，给学生的思想教育带来不良影响。

第二，教师政治安全意识不够强。教师政治安全意识是指教师在教育教学工作中，对自己的言行举止以及和学生的交往等方面出现的政治安全问题能够保持高度警惕和敏感性，并且善于采取必要的预防和应对措施。在实际工作中，

有一些教师对政治安全问题的重要性认识不足，缺乏主动的自我保护和预防措施。一方面容易引起不必要的政治风险，另一方面会对学生产生不正面的思想影响。

第三，教师组织政治参与不足。教师组织政治参与是指教师积极参与党的组织活动、政治生活以及工会组织活动。在实际工作中，有一些教师对组织政治参与的重要性认识不足，缺乏积极参与的意愿。这导致他们无法全面了解和掌握国家政策和法律法规，也无法推动自己个人的思想政治素质向更高层次发展。

第四，教师思想政治教育存在问题。教师思想政治教育是指教师在教育教学活动中，向学生传达国家政策、法律法规等方面的知识和精神。在实际工作中，有一些教师在思想政治教育方面存在问题。首先，一些教师在思想政治教育中容易走极端，导致思想教育的偏见和片面性。其次，一些教师在思想政治教育中缺乏普及性，口号化、纸上谈兵，很难引起学生的共鸣。这些教师在很大程度上影响到了学生政治素养的提升。

2. 课程思政程度不够

课程思政是新时代“全方位育人”理念下教师队伍建设的重要环节。不仅是老师与学生之间的双向奔赴，也是办好新时代“全方位育人”着力解决的问题。当前课程思政教育的开展主要存在以下问题。

第一，重专业知识技能传授轻课程人文素养修炼的问题。传统专业课程教学以专业知识的讲授与技能的培养为主，人才培养目标、课程体系与课程内容设置很少或基本没有考虑课程思政的需求；教学中也较少体现对学生人生观、价值观等人文素养方面的引领，较少体现对教师职业道德观等方面完善的明确要求。

第二，重课程思政形式教育轻课程思政本质挖掘的问题。对课程思政的理解流于形式，在方法上习惯讲大话、喊口号和说教式等而缺少“如盐入味”的艺术；在受教育对象上片面理解为学生而忽略了教师主体；在范畴上片面理解为课堂而忽略了课外及日常生活和社会实践；在观念上将课程思政片面理解为一阵风式的运动而不是一场需长期实施的持久改革等。

第三，重课程教学内容评价轻课程思政效果评价的问题。不管是过程性评价还是结论性评价，其考核内容、方法和形式等均以课程教学内容的掌握程度为评价目标，以专业分数的高低定课程学习的效果，较少考虑或基本没有涉及课程思政效果的评价。

3. 教学能力有待提高

高校教师工作与其他学段的教学工作共性与差异性共存。高校教师不仅担负教学工作，对学生的专业知识提供指导教育，同时在教学过程中要融入更多的思政教育，提升学生思想政治水平。这就要求高校教师不仅专业素质强，还需要提升全方位的素养，对综合性的能力也要有更多要求。

第一，双重标准下，高校教师能力短板凸显。高校教师知识获取技术相对落后，对互联网大数据的利用有所欠缺。这一点集中体现在老教师身上，虽然很多经验丰富的老教师能够熟练地开展教学工作，完成教学任务，但是对于互联网和即时通信工具的知识获取和工具的使用上明显存在手段滞后、对新技术掌握不足的现象。

第二，高校教师自身专业能力与教学能力的正向转换存在问题。知识的滞后性与教学能力实践的欠缺导致部分青年教师能力转换困难。青年教师没有对学科专业形成正确认识，也没有随着经济社会的发展，以前瞻性、动态性的眼光审视自己所学的专业，导致其知识长时间停留在自身学习阶段，没有得到推广和演化；同时，部分青年教师，“学生”到“教师”身份的直接转换，导致自身工作的实践经验不足，知识在传输过程中流失严重。

4. 协同育人意识淡薄

开展思想政治教育工作面临着严峻挑战，这就要求专业课教师要因事而化、因时而进、因势而新、增强思想政治教育工作方法的创新性、育人的协作性。

一方面，专业课教师往往侧重于第一课堂的授课、侧重于专业知识的讲解，而对于第二课堂参与度较少，像学生主题班会、经验交流等实践育人环节专业课教师往往是缺位的。而对于这些主题班会和交流分享会往往是教师与学生有效沟通的重要方式，通过面对面交流，教师找到学生知识获取的有效方式，根据学生的特征展开更有效的教育。另一方面，在整个教育过程中缺乏家校协同育人的功能，没有有效搭建家校协同育人平台，教师与学生家长联系的机会和途径缺乏，家长和教师协同育人的功能不能得到有效发挥。从整个育人格局来看，开展思想政治工作都是在自己的有限范围内进行，可谓是各行其是，协同育人的意识较为淡薄。

（二）辅导员队伍建设现状

1. 年龄和专业结构不合理

一方面，学校辅导员绝大多数从应届硕士毕业生中选拔，年龄较轻，缺乏必要的人生阅历，在开展思想政治教育过程中，容易产生威信不高，遇到问题不容易说服学生，存在提供有效指导的困难。同时，入职后辅导员队伍的稳定性较差，拥有 3 年以上工作经验的辅导员人数较少，大部分辅导员的工作经验在 1 年或 1 年以下，经验能力相对不足。

另一方面，辅导员的专业背景多样，思想政治教育专业的较少，很多辅导员根本没有相关学科的知识背景，导致在开展思想政治教育工作中缺乏系统理论的指导，影响大学生思想政治教育工作的有效开展。

2. 思想政治教育主责不突出

高校思想政治教育工作贯穿于高校工作始终，关乎育人根本。2017 年颁布的《普通高等学校辅导员队伍建设规定》中明确指出了辅导员的九项工作职责，其中思想理论教育和价值引领是首项职责，可见这是辅导员的主责主业。作为教师，辅导员是高校育人队伍中对学生关爱最多、与学生关系最为密切的人，是高校开展思想政治教育工作的骨干力量和先行者，具有独特的地位和作用。但与此同时，辅导员也是管理者，不仅负责党团建设、学风建设，还要负责学生生活、心理、资助、安全、就业等日常管理工作。部分学院更注重辅导员角色中的管理职能，希望辅导员能够更好地完成繁杂的日常事务，保证学生教育管理工作平稳运行。

有辅导员表示，成为辅导员以后，自己就成了万能的。学生一旦遇到困难，首先求助于辅导员；学生一旦出现问题，各职能部门首先找辅导员处理。并且，辅导员还要面临各种考核：查寝次数、查课次数、学生出勤率、毕业生就业率等，他们只能将绝大部分精力用于日常行政和学生管理等事务性工作上，更多是作为了管理者。辅导员在管理学生的过程中，出现了一批心理辅导专家、职业生涯指导专家，却忘了主责主业是思想政治教育和价值引领。

3. 岗前培训不规范

学校因受本身经费和人员的限制，或者没有意识到培训开发的需求分析是整个学校辅导员培训与开发工作的起点和基础，从而培训需求分析没有得到足够重视。在培训开始的前期没有做深入的针对性的培训需求调研分析，例如学校辅导员当前亟须培训的项目有哪些，参加培训的辅导员基本特点是什么，辅导员对培训的需求是什么，等等，会导致培训缺乏目的性和针对性，培训效果不好，极大浪费学校的培训资源。

大部分的辅导员表示在培训内容的安排上，没有根据辅导员学历、现有知识结构、具体工作内容需求以及经验能力水平差异等来开展有针对性的必修或自选培训课程，更多时候是在有实际工作任务或意识到辅导员队伍整体在某一方面缺少相关经验时，对所有辅导员开展几乎相同内容的培训，这样的“大锅饭”不能有效激发全体辅导员的学习热情，也难以满足全体辅导员的成长需求。

目前辅导员参加的培训虽然会不断变化内容和形式，但仍存在“换汤不换药”的问题，不能满足专职辅导员的现实需求。从课程内容来看，一些课程多以介绍总体情况为主，虽然包含了辅导员日常工作中的一些问题，但讲解不够具体，过于书本化、理论化，实际操作性较弱。对于辅导员来说，参加培训后，在工作中处理实际问题时，并没有得到有效的指导。在培训形式方面，仍以传统的讲座、课堂讲授等方式为主。对于趋于年轻化的辅导员队伍来说，他们思维活跃，富于激情，对于这种传统性的、缺乏互动与自主性的培训难以提起兴趣，导致培训效果大大降低。

对辅导员的培训以校内培训为主，集中在期初或期末，时间较短，很难进行系统学习，且内容枯燥，辅导员学习兴趣不大。加之，辅导员既要完成自身繁重的工作任务，又要安排时间参加培训两头兼顾分身乏术，辅导员的积极性普遍不高，容易对培训产生逆反心理。

（三）行政教工队伍建设的现状

1. 学历结构参差不齐

根据对目前行政教辅工勤人员学历调查发现，学历结构存在参差不齐的现象，具体体现为综合能力不足，整体综合素质不高。如今教辅人员的学历水平参差不齐，本科水平占多数，而研究生水平寥寥无几。与此同时，学校不重视行政教辅工勤人员的学历进修，行政教辅工勤人员缺少学习和努力提高自己的学历水平的机会，专业理论水平缺乏，对本职工作开展缺乏创新精神。学校将所有的精力投放到教师知识更新方面，却忽略了行政教辅工勤人员，造成行政教辅工勤人员知识陈旧，思想僵化，工作方法保守，工作效果不高，动手能力不强。

2. 服务育人认识不足

通过对行政教辅工勤队伍建设情况的调研得出，服务育人认识不足问题的存在是多方面因素共同作用的结果，既有认识上的原因，也有现实工作中的原因。认识上的不足导致行政教辅工勤人员对自身角色定位不准确，工作职责不明确，工作积极性不高；现实工作中对行政教辅工勤职业定位模糊，导致工作中出现“错位”“越位”现象。高校行政教辅工勤队伍建设必须首先从认识上改变观念，彻底摒弃“形式主义”的思想，真正树立起“全程育人、全方位育人”的观念。所谓“全程育人、全方位育人”就是要求行政教辅工勤人员既要做日常管理工作，又要做好学生管理、成长成才的指导工作。

3. 岗位职责不清，推诿现象较严重

通过对重庆城市科技学院行政教辅工勤人员工作情况的调研得出，岗位职责不清晰，推诿的情况较为严重，具体体现在以下几个方面。

（1）行政管理制度存在不足，高校行政教辅管理工作的发展需要依据行政管理的有力推行。目前，岗位职责划分不清，导致相关工作职能发挥不了作用，特别是工作矛盾在工作职责中出现推诿情况较为普遍。工作信息传达出现层层脱节，导致行政管理工作效率低下，信息不够流畅，甚至出现人浮于事，消极怠工的现象。

（2）机构设置与人员安排不合理，导致职业定位不明。同一件事，在人员安排上可能涉及多个部门的多个人，导致职责分配不均，工作范围牵涉较广，一旦出现问题，就相互推诿。

（3）行政管理人员工作理念意识不足，很多管理人员故步自封，不能接受新知识、新理念，严重影响到高校行政管理工作的效果，导致工作职责出现推诿的现象较为严重。

二、构建高校全方位育人的方略初探

（一）全方位加强高校教师队伍建设

1. 加强高校专业教师队伍政治思想建设

第一，新时代高校师资队伍建设的政治要求。新时代高校师资队伍建设政治要求，是指为了使高校师资队伍建设沿着正确道路前进而必须遵守的指导思想和价值取向。新时代高校师资队伍建设，必须用习近平新时代中国特色社会主义思想武装头脑，坚持不懈地培育和践行社会主义核心价值观，以确保队伍建设坚定不移地走在正确的道路上。主要包括：①以习近平新时代中国特色社会主义思想为理论武装。②以社会主义核心价值观为价值引领。

第二，新时代高校师资队伍建设的“四个统一”原则。新时代高校师资队伍建设的原则，是指建设过程中必须遵照的一定规范、法则，是引领队伍建设顺利开展必不可少的要素。习近平总书记在全国高校思想政治工作会议上向高校师资队伍提出了“四个统一”原则，要求广大教师坚持“教书和育人相统一”，坚持“言传和身教相统一”，坚持“潜心问道和关注社会相统一”，坚持“学术自由和学术规范相统一”等，以立师德、正师风。

第三，新时代高校师资队伍建设的“四个有”“六个要”目标。新时代高校师资队伍建设的目标，是指通过建设期望高校教师达到的境地。即要有理想信念目标、道德情操目标、扎实学识目标、仁爱之心目标，同时政治要强、情怀要深、思维要新、视野要广、自律要严、人格要正。

2. 加强课程思政建设

第一，课程思政教学观念要融入课堂。教师是课程思政实施的主体。教师在课堂教学、日常生活等方方面面的言行举止要正气得体，这样跟学生进行的思政教育才有信服力。只有教师饱含教学情怀、由内而外充满正能量，其课程思政才能达到为人师表、潜移默化的效果。除此之外，教师还需把握课程思政的度，也就是课程思政的时长和频次。讲得过多或过于频繁不免有说教嫌疑，易适得其反引起学生的反感。

第二，教学内容要体现高质量的课程思政。一堂好课一定要有好的教学内容，也包括专业内容和思政内容的支撑，好的教学内容通常要满足“立意高、剧本好、设计巧”的要求。如果把一堂课比作一场电影，首先要立意高，即所有教学工作要立意高远，要始终围绕“为国育人、为党育才”的目标，培养学生马克思主义和社会主义核心价值观，输送真善美正能量。其次是剧本好，指作为思政载体的教学内容要好，要以“两性一度”的高标准，紧跟社会经济和产业发展、体现理论前沿和学科发展及纵贯古今和中西发展等，对教学内容进行知识重构；教学内容越好，思政元素越丰富，课程思政的融入一般越容易和自然。最后是要巧设计，要做好教学设计，从课前预习、课程导入、课中讲解以及课后总结和练习等各层面做系统周密的安排，课程思政的融入时机、融入方式等要做细致和优中选优的设计，使教学内容呈现方式新颖独特、教师课堂演绎方式合适有趣。这是教师耗时最多、需要不断打磨的一项工作，也是上好一堂课的关键。

第三，教学方式要多样化、巧妙化。要想达到预期的课程思政目标，理工类专业课课程思政还需认真研究教学方法。与思政课程的讲授相区别，将理工类专业课的讲授比作炒菜，专业知识仍是整门课程讲授的主体和重点，课程思政好比炒菜时加入的佐料，具有画龙点睛的功效。因此，在教学中需注意选取合适的方法和把握时机。

3. 提升教师教学综合能力

教师能力作为教师素养最直观的表现，是教师个人实现自我价值与社会价值的根本，为维持高水平教育能力与专业素养，教师需在日常生活中不断学习新知识与新理论。

科学技术处在了快速发展期，人类对知识的掌握和储备能力已经远远落后于此。因此，为了提升高校教师的综合能力与综合素养，需要在知识管理实践中进一步开发新方法和新途径，以便最大限度地消解由于知识更新速度过快给高校教师带来的能力提升困境。一方面，针对高校教师需求，开展互联网知识获取与使用培训工作，帮助老教师适应互联网教学环境，高效开展教学工作。另一方面，通过教学案例、实践教学等灵活多样的教学实践活动为青年教师提供一个学习平台。鼓励青年教师进行教学反思，查找不足，积累经验，以此完善教育手段和教学方法，提高人才培养质量。

同时，高校建立合理的激励机制时，应充分考核教师整体能力水平，根据不同情况设置不同奖励标准，并开展竞赛等活动丰富激励机制。鼓励高校教师勇于尝试，突破传统教学思维的限制，持续提升综合教学能力。

4. 加强协同育人

第一，落实全员育人要求、树立协同育人理念。部分专业课教师仍然没有转换岗位角色，仅仅醉心于科研。对于协同育人或开展课程育人的工作认识不到位、对于立德树人的总要求领悟不透彻。要坚持德育和智育协同发展、引导专业课教师和辅导员树立协同育人的理念。立德树人不仅仅是某一个部门的任务或某一支队伍的职责，而是所有教职人员和部门共同的目标。增进部门协同联动，增强不同队伍协调沟通意识是高校协同育人体系中的重要环节。

第二，完善协同育人制度设计，建立协同育人考核和评价标准。从专业课教师发展的角度而言，改革职称评聘单纯以科研或教研为导向的职称评审制度。改变科研或者教研在职称评审中的比重，在评审或年终考核过程中加入思想政治教育考核点。鼓励专业课教师担任兼职辅导员或要求不同职级聘任必须具有辅导员工作经历。

第三，搭建协同育人沟通平台，促进信息资源融合贯通。从学校到二级学院可以组织搭建协同育人信息沟通平台。可以是 APP，也可以是定期联席会议，由学校或学院的学生管理人员、辅导员、教学人员参与。这三类人员都负有管理、育人、教学等职责，是协同育人的生力军、掌握的信息资源也存在差异化，通过这种线上或线下信息平台实现固定信息和动态信息资源的互通。

（二）全方位加强高校辅导员队伍建设

1. 完善辅导员专业和年龄结构

辅导员是高校学生思想政治教育的骨干力量，辅导员自身综合素质是影响大学生思想政治教育工作实效性的重要因素，高校在选聘过程中一定要坚持德才兼备，把热爱大学生思想政治教育事业的高等人才选聘到队伍中来。同时还应当进一步强调对其专业背景的要求，尽可能聘用思想政治教育相关专业的应聘者。当然，辅导员的选聘还应该注重年龄结构，辅导员是高校学生成长成才的人生导师，也是学生的知心朋友，对于辅导员的选聘，适当添加不同年龄结构的人才，优化高校辅导员队伍。对于已聘用的其他专业背景的辅导员，应加强对相关理论知识的培训和教育。为保证队伍的稳定性，优化队伍结构，要进一步提高辅导员待遇，明确发展路径，减少人才流失，形成以老带新，新老结合的辅导员队伍，这是有效开展大学生思想政治教育工作的组织保障。

2. 增加辅导员数量，明确岗位职责

辅导员的工作涉及范围广，工作量也比较大。辅导员需要做好学生日常思想政治教育，需要做好班级党团工作，也需要做好学生心理健康、网络思想政治等教育。这一系列工作任务重，高校需要根据国家相关政策合理分配辅导员，对于不合理的辅导员配比应该及时增加辅导员的数量，从量上做好辅导员的保障工作。当然，要严格按照国家标准配备辅

导员，也需要进一步明确辅导员岗位职责，辅导员数量增加了，如果辅导员职责做不好，也不能达到高校辅导员育人功能，合理选聘辅导员并进行科学合理的分工，尽可能地把辅导员从繁杂的工作事务中解脱出来，有利于发挥他们的积极性和主动性，用更多时间和精力去接触学生，了解学生情况，把握学生思想动态，增强方向性和有效性，提高工作效率和水平。

3. 加强辅导员培训和科研

高校科研创新关系到高校科研能力，同时也关系到高校辅导员自身能力的提升，作为工作在高校大学生思想政治教育一线的辅导员，业务水平的高低，科研能力的强弱，直接关系到大学生思想政治教育的发展与创新。学校应建立分层次、多形式的培训体系，有计划、有步骤地安排各种形式的岗前培训和专项培训，为辅导员搭建学习和交流平台。同时，学校还应加大对辅导员的科研投入，组织辅导员积极申报课题，分析、解决大学生思想教育工作中遇到的新情况、新问题，探索对大学生开展思想政治教育的新思路和新方法。通过强化学习、交流和科研，有利于提高辅导员队伍专业化和职业化水平，增强思想政治教育的实效性。所以，对于高校辅导员队伍的建设需要全方位、多途径去考量，在实际的高校选聘中注重数量与质量，在高校辅导员的培训中强化科研能力，注重辅导员全方位能力的培养。

（三）全方位加强高校行政教辅队伍建设

1. 完善业务学习制度

体制是管理工作的风向标，体制不合理则管理不科学，因而民办高校要想提高行政管理效率，就应当尽快构建符合自身发展的科学合理的管理体制，在发展中不断完善业务学习制度。加强行政教辅工勤队伍建设长效机制，建立完善的行政管理制度，如奖励机制、福利待遇发放制度等。

在行政教辅工勤人员队伍中建立必要的业务学习制度，给予不断提升知识的机会。重视行政教辅工勤人员的业务和理论学习，让他们与时俱进，掌握现代教育管理新知识。强化计算机水平，培养一支既有现代管理理念，又懂得计算机管理技术的骨干队伍。因此，必须为行政教辅工勤人员提供进修、外出参观学习的机会，并在行政教辅工勤人员中开展定期的学术交流，研讨民办高校的管理理论以及改革的发展趋势，倡导浓厚的学习研究氛围。

2. 明确各管理部门的行政职能

可借鉴国外先进的行政管理经验和方法，明确各管理部门的行政职能，明确各方的权利关系。行政岗位上工作交叉现象较严重，因而必须精简闲职，做到合理分工，加强部门的协调沟通，对于某些不集中的岗位可以采取部门合并的方式。坚决杜绝一岗多人的情况发生，细分的工作尽量由某一人员单独负责，避免重复工作，将工作责任落实到个人，冗余人员可以解聘或调到其他岗位。要充分利用人力资源，能由一个人完成的工作尽量不要安排两个人。从某种意义上来说，科学设置行政岗位能大大提高行政工作效率，因为这样可以减少同事间聊天、工作懈怠、做事不上心的情况出现。

3. 做好管理人员综合素养提升工作

做好管理人员综合素养提升工作，做好岗前培训，改变行政管理人员的落后思想，树立新的管理理念，结合具体的行政管理工作积极进行管理方式的创新改革，优化机构建设，提升行政管理的工作质量和效率，提升行政管理的水平和能力，以促进高校行政管理工作的不断发展。相关的管理工作人员，必须不断提升自己的专业素养与能力，更好地适应新时期管理工作。另外，要不断吸纳高水平的制度管理与文化管理方面的专业型人才，从而充分发挥行政管理的应用价值，切实提高整体的行政管理水平。严格规范管理人员的纪律要求，强化行政管理人员的职业素养，使之具备高度的规则意识，保证严格履行自己的职责，职责范围以外绝不触碰。

综上，在新时代“全方位育人”理念下，学校人才队伍建设的工作中存在一定的问题。对此，重庆城市科技学院以本次主题教育为契机，以合格评估为导向，扎实开展主题调查研究，切实提出相应的措施和方案，有效地助力了教师队伍建设，为学校高质量发展提供了人才保障。

疫情防控常态化下高校思想政治教育与管理的指针践行

冯鑫　李海东

（重庆城市科技学院　重庆永川　402167）

摘要：疫情防控常态化下，给高校思想政治教育与日常教学管理工作带来了更大的挑战，习近平总书记指出："做好高校思政工作，要因事而化，因时而进，因势而新。"这表明高校要根据疫情的实际情况及时落实相关政策、制定实施方案、践行高校教育与管理职责。疫情防控常态化，高校就是一个重要的阵地，疫情就是命令，校园就是战场，高校始终坚决坚持'外防输入、内防反弹'总策略和'动态清零'总方针不动摇，将打赢疫情防控阻击战作为首要政治任务，牢固树立"守土有责、守土负责、守土尽责"的使命感，主动作为、严防严控。高校从党建引领、舆情防范、学工工作、教学与就业、安全与稳定五个方面全面加强，在"五针并举"下全力以赴做好疫情防控中思想政治教育与管理工作。

关键词：高等学校；疫情；思想政治教育；管理

一、明确指南针，党建核心为引领

在常态化疫情防控工作中，高校各级党组织加强党建工作，把党的建设作为疫情防控中高校思想政治教育的重要内容，同时，以党建作为引领，为疫情下高校各方面教育与管理工作指明方向。在具体实践中，加强党的集中统一领导，充分发挥大学生党员的先锋模范作用，将思想政治和习惯养成教育落到实处，将疫情防控工作与高校育人深度结合，形成了以党组织为领导的高校师生统一战线。

第一，坚持党的集中统一领导。党政军民学，东西南北中，党是领导一切的，坚持党的集中统一领导是中国特色社会主义制度最显著的优势。在疫情防控的关键时期，高校各级各部门坚持党的集中统一领导，各级党组织一直奋斗在疫情防控的第一线，疫情中做好了防控工作、学生工作、后勤保障工作等。各支部党员在组织需要的时候立即返回工作岗位，连夜对师生进行轨迹排查、去向调查，迅速组建了工作专班，第一时间启动应急方案，为整个防疫工作做好了保障。全体学生党员召之即来、来之即战，全面保障各项工作的顺利开展。《若能博得阴霾散，同志何畏来时雨》，这是高校致全体师生的一封信，温情且鼓舞人心，在这种团结一致、上下齐心的温暖氛围中克服疫情之中的艰难险阻。

第二，积极引导大学生党员落实各项任务要求，全体学生坚决服从学校的统一安排，自觉严格执行学校疫情防控工作的各项规定。首先，自觉减少外出，不参加室内外大型活动和聚集性活动，同时服从学校的指挥、主动配合学校做好疫情防控应对工作。其次，学生党员带头发挥模范作用，学生党员干部保持信息畅通，随时做好应急备案，学生党员把疫情防控作为当前最重要的政治责任，积极做好学校、学院和学生之间的桥梁纽带，在疫情防控工作中亮身份、见行动、做贡献，发挥典型示范和引领作用，为全体学生树标打样。最后，做好协助工作与志愿服务，在党团支部中带头实行“零汇报”制度，协助导师、辅导员、班主任开展疫情防控工作，密切关注身边同学的思想动态、行为动态等。同时，积极参与所在基层党组织的防疫志愿服务工作，哪里需要他们，他们都奋勇向前。

二、架好避雷针，次生舆情严防范

疫情防控中，高校师生的情感态度、价值取向会通过网络舆情的方式体现出来，高校舆情关乎意识形态，对于维护高校的平稳发展起着关键作用，因此，在疫情防控中，需要架好舆情防范的避雷针。从完善舆情治理机制、强化责任落实方面着手，为高校的稳定工作做好了防线。

第一，完善疫情防控期间高校舆情的治理机制，在疫情防控管理的严格执行下，高校师生原有的生活节奏在一定程度上有所改变，为防范疫情防控下的“次生问题”、谣言干扰、舆情危机，高校充分发挥督查工作机制和网格化管理的作用。在督查工作机制中注重舆情防控与处理的质量，进一步从“质量视域”看，提高了督查的针对性与应对的有效性。在网格化管理中，高校态度明确、方式有效，根据高校的管理和布局逐一实施动态管理，网络上表达的言语不视为情报，而把它视为一种观点，在这些舆情的观点后挖掘聚集的问题，寻找支点、注重针对性地处理问题；方式上，处理舆情不威权主义，更为注意把握分寸、注重有效度。疫情防控工作开展的过程中，人身健康安全、师生财产安全、网络舆情安全等得到有效保障，共同组合构建起疫情防控期间高校舆情的治理机制。

第二，强化责任落实。底线失守，地动山摇，高校舆情工作在疫情防控的大环境中面临着复杂的局面，高校是一个综合性的人才聚集地，各种应用型人才汇集，高校师生主体学识具有优势，依托广泛的知识与技能获取的信息更为丰富。这就需要高校强化管理意识，更深层次落实责任主体。在网络舆情中高校严格落实疫情防控管理要求，强化责任落实，全面压实信息排查、校园管控、进出审批、线上教学、应急处置、信息发布等工作责任，要求各级责任主体时刻保持战时状态，每个责任主体全过程跟进，对所管辖和对应的师生进行全方位了解，时刻注意其思想、言论、行动，让疫情之下的校园依旧作为师生工作、学习、生活的安全场所。

三、拿稳绣花针，做好“学工针线活”

教学线、安全线、升学线、就业线、心理线、资助线、团学线、后勤线、财务线，关乎学生利益的“千条线”，终归都要落到辅导员这“一根针”上，对于学工这“千条线”，在疫情防控与应对的过程中，高校教师不仅要拿得住，更要拿得稳。

第一，全过程加强疫情防控工作与思想政治教育的深度融合，高校按照党建引领为主线，提升高端化、国际化、个性化三化教育和继续教育培训，广泛开展思想政治教育、安全教育、人文素质教育，构建起党建带团建、全媒体融合、朋辈教育和家校联盟等载体的“四全”学生教育管理。疫情影响下，学工队伍坚持认真开展思想政治教育，以学生行动轨迹、去向摸排为切入点，牢抓每日体温晨午晚三检，线上线下双打卡，召开线上主题班会，将疫情防控工作的实际行动同思想政治教育充分融合，在这种融合过程中，让全体学生在疫情防控的实践中身体力行，明白疫情防控的重要性、学校学工工作的艰巨性，使其在实践中做好自身责任与义务，为疫情防控与学工工作的正常开展打下了基础。

第二，多途径开展线上竞赛活动，疫情防控期间，校园的各种线下活动在一定程度上受到限制，这对学生个人学习与能力提升有所阻碍，为了丰富疫情防控期间学生的知识素养与课余生活，在疫情的特殊时期也要做好相关竞赛活动的要求。一方面，在准备阶段做好校园网络基础设施建设，增加宽带和服务器的投入，让疫情防控期间的网络畅通，为校园网络联系提供后备保障。另一方面，高校通过开展“云朗诵”“云舞蹈”等比赛形式的线上竞赛活动，鼓励更多的同学加入线上的活动之中，让学生在疫情的特殊情况下也能感受到校园的文化魅力。通过这一系列活动强化抗疫胜利信心、鼓舞必胜决心，增强知识进取心，以竞赛活动为契机，变抗疫战场第一线为学生知识与技能提升的大课堂。

四、注入强心针，巩固教学与就业

在疫情防控的阶段，高校的教学与就业工作面临一些更为复杂的困境。线下教学缺少条件，线上教学需要更完备的实践过程，就业工作的开展难度加大，学生就业情况更为严峻，高校面对的任务未间断、困难前所未有。在这样复杂的环境下，高校立足于立德树人的根本任务，从巩固教学、保障就业两方面面狠下功夫，为疫情下的高校注入了强心针。

第一，巩固教学，“离校不离教，停课不停学”，高校第一时间调整原有的线下教学，启动线上教学工作方案，各课程教师根据新方案立即做出反应，通过多途径、多方式完备自己线上教学的技能。通过英华慕课、雨课堂、腾讯会议等平台全面开展线上教学。结合学院工作实际，以倡议乐学、朋辈助学、导师导学、教师辅学、考察督学、创新优学等“六学”为工作实施途径，形成了独特的“三风六学”体系。线上教学开展过程中，以寝室同学互提醒、学生骨干多督促、任课教师增互动、学工队伍勤排查、教学秘书随机查等多种方式，保障线上教学到课率、互动率、实效性。

第二，保障就业，就业是最大的民生，高校就业工作在疫情防控的过程中任务更为艰巨，但同样不能落下。解决好高校学生毕业去向，尽最大努力去让每个学生更为可能地在这个特殊的时期也能很好地就业十分重要，为了减少疫情对毕业班学生就业的影响，辅导员通过远程指导、线上班会和线上招聘会，积极发布大量的求职信息，帮助毕业生积极主动参与到就业之中，通过多途径帮助学生顺利就业。此外，辅导员积极引导学生参与成渝地区双城经济圈 2022 届普通高校毕业生就业大型网络招聘服务月，积极指导学生升学复试、参加公务员考试等。在这样艰巨的时刻，尽管有很多困难，全校教师依旧奋斗在一线，为学生的就业做好铺垫，他们是最美的践行者。

五、补种预防针，保障安全与稳定

高校人员密集，个人的安全关乎学校整体的稳定，针对疫情暴发性、全面性的情况，保障每个人都预防接种十分重要。面对病株变异多端，党和政府以高度的责任感向全民提供免费的疫苗接种，展现了大国担当。高校积极响应国家政策，在校内开展预防接种工作，保证人人接种疫苗，保障全校师生的健康。

疫情以来，高校各部门协调有序，严格落实属地管理、联防联控要求，加强与卫生疾控中心的沟通协调，配合属地有关部门积极开展联防联控。核酸检测应检尽检、应检必检，在预防接种后同样进行多轮核酸检测，做到有序排查、逐一排查、连续排查。在此过程中积极协调、主动作为，确保全员参与、不落一人。与此同时，积极推进新冠疫苗加强针的推进工作，通过疫苗加强针的全面覆盖，确保筑牢全民免疫屏障。预防接种和加强针的覆盖不代表最终的安全，在此之后同样继续逐一核酸检测工作，在全面防范的任何时刻都没有些许放松。高校在预防接种和持续核酸检测后，依旧主持全校师生进行和加强防范工作，在校师生员工自觉遵守非必要不离校，积极配合每日晨、午、晚体温三检，通过每日安全报告，时刻关注广大师生身心健康安全，将隐患苗头消灭于萌芽。一个党员就是一面旗帜，一个支部就是一座堡垒，在疫情防控的每个岗位，都能看到高校党员的身影，党员在哪里，党旗就在哪里。高校的安全与稳定是每个高校师生、党员努力的结果。积极做好疫情防控工作，为广大师生健康保驾护航，在党的领导下打赢了疫情防控歼灭战。

新时代背景下高校数字化育人体系的建设与发展

刘学民　冯鑫　彭丽

（重庆城市科技学院　重庆永川　402167）

摘要：高校是培育青年人才的集中阵地。在数字化大背景下，高校也应该做到与时俱进，迎合学生的灵活性、多样性需求，创新育人模式，培养新时代具有数字思维与数字素养的接班人。党的二十大报告指出，“加快发展数字经济，促进数字经济和实体经济的深度融合，打造具有国际竞争力的数字产业集群”。因此，各高校应深入贯彻落实党的精神，牢牢抓住新一轮技术革命的机遇，推动数字技术在高校人才培养中落地落实。

关键词：新时代；高校；数字化；人才培养

G20论坛上对数字经济的定义，是以使用数字化的知识和信息作为关键生产要素、以现代信息网络作为重要载体、以信息通信技术的有效使用作为效率提升和经济结构优化的重要推动力的一系列经济活动。我国高度重视数字经济的发展，将其作为未来市场经济发展的主要方向，其中人才是推动数字经济建设的重要力量。随着大数据、云计算、人工智能及5G网络等数字技术的迅猛发展，海量的数据信息及便捷的技术手段不断冲击着高等学校传统的育人理念与育人模式，要求高校向着网络化、智能化、数字化方向创新青年人才培养方式。当前，我国各大高校对于数字化人才培养模式的建设仍处于探索阶段，有的高校仍采取传统的授受教学方式，而有的高校因过度追求数字技术教学而产生依赖性，都未能探寻到一个恰当的平衡点。对此，我们认为高校数字化人才培养应该从以下几个方向做出努力：

一是提供数字化培养平台，营造信息化学习氛围。学校通过建立第二课堂等方式，为学生提供形式多样的线上学习平台，在二课平台中增设专业知识学习、社团活动、社会实践活动以及就业创业指导等学生喜闻乐见的专题，并指派专人负责、分类管理，让学生的学习不止于课堂，切实提升第二课堂的育人实效。

二是通过校企合作方式，创新数字人才培养方式。一方面，高校在制订人才培养方案以及课程体系设置时应充分考虑到数字经济时代下企业的用人需求，将实践环节前置到与理论学习一起培养，根据新时代数字经济发展的需求针对性进行人才培养，提高创新型人才就业率。另一方面，高校可以设置实践类课程，邀请数字领域的企业家进课堂，向同学们分享当前社会经济发展的趋势、企业就业资讯等前沿信息，引起学生对创新型人才培养的重视。

三是形式与实质方面做到创新。形式方面，如学校配置信息化、高科技的教学设施设备，营造数字化的学习氛围；实质方面即招聘具有创新性的人才队伍，如具有大数据、人工智能等专业背景的专职教师，能够以扎实的学识及数字化的思维形成多样化的教学模式，线上线下融合贯通教学，转变传统的授受教学模式，打造具有数字化素养及职业能力的师资队伍。

四是培养独立自主、多元立体型创新人才。现阶段往后入学的都是“00 后”的新生代大学生，他们思想独立、思维也更活跃，也更有利于培养数字经济社会发展所需要的创新型人才。但在信息化时代成长起来的青年，为避免其对大数据的过度依赖，被碎片化信息所充斥，在数字化人才培养时应融入传统教学元素，如纸质书籍的阅读、传统思想文化的灌输等，在创新型人才培养的同时也注重学生文化底蕴与内涵的培养。

习近平总书记指出：“培养网信人才，要下大功夫、下大本钱，请优秀的老师，编优秀的教材，招优秀的学生。”新时代培育知识化、智慧化、数字化的创新型人才，不仅对学校、教师和学生三者提出了新目标与方向，同时也需作为市场主体企业的积极参与，多方并举、久久为功。

参考文献

[1] 二十国集团数字经济发展与合作倡议 [EB/OL]. http：//www.cac. gov. cn/2016-09/29/c_1119648520. htm.

[2] 毛基业：数字化转型，本质上是人的转型 [EB/OL]. https：//www. sohu. com/a/504901247_343325.

[3] 习近平 . 在网络安全和信息化工作座谈会上的讲话 [N]. 人民日报，2016-04-26(2).

"四全四有"工作法在高校思想政治教育工作中的探索与实践——以重庆城市科技学院为例

冯鑫　张峻铭　杨青

（重庆城市科技学院　重庆永川　402167）

摘要：习近平总书记在党的二十大报告中对"实施科教兴国战略，强化现代化建设人才支撑"进行了部署，首次提出了教育、科技、人才是全面建设社会主义现代化国家的基础性、战略性支撑的重大判断。高校作为人才的汇聚地、培养地，肩负着为党育人、为国育才的光荣使命，在全面贯彻党的教育方针，落实立德树人根本任务的过程中，对如何加强高校思想政治工作进行了有益的探索，形成了"四全四有"工作法，从而达到培养坚定不移听党话、跟党走，堪当民族复兴大任的时代新人。

关键词：高校；思想政治教育；人才培养；四全四有

当今时代的发展变化对传统的高校思想政治教育提出了更新的要求和挑战，围绕"培养什么人、怎样培养人、为谁培养人"这一根本问题，要为青年大学生扣好人生的第一粒扣子，要始终坚持以人为本、育人为先、科学引导。党中央指出，高校大学生思想政治教育工作既要积极探索符合大学生身心发展规律，又遵循思想政治教育规律的新途径，重庆城市科技学院以“四全四有”工作法，努力培养德智体美劳全面发展的新时代建设者和接班人。

一、全方位党建有力量

全方位发挥党建的引领作用是高校思想政治教育工作的重要保障。坚持党建工作与中心工作一起谋划、部署、落实和检查，同向同行、相互促进，实现党建工作与业务工作的“同频共振”。通过“党建＋师德师风”“党建＋教学科研”“党建＋学风建设”“党建＋宣传思想”“党建＋实践活动”等一系列“党建＋”的模式，把党建工作全方位嵌入各领域中，实现工作开展到哪里，党建的领导、服务、监督、保障就到哪里。

推进全面从严治党，定期开展意识形态工作研判会，坚持正确的政治立场、政治方向、政治原则、政治道路，扎实推进习近平新时代中国特色社会主义思想进教材、进课堂、进头脑，加强对学术组织、研究机构、学生社团等的引导。定期开展主题党日活动和政治理论学习，通过“三会一课”和“两微一站一端”（微博微信公众号、网站、学习强国 APP）线上线下相结合的方式，积极开展理论学习与宣传，筑牢信仰之基、补足精神之钙、把稳思想之舵。党组织把方向、管大局、做决策、抓班子、带队伍、保落实的能力显著增强，推进各项工作取得显著成效。重庆城市科技学院经济管理学院学生第二党支部2018年11月成为首批“全国党建工作样板支部”培育创建单位，并于2021年2月成功通过验收，学校目前已有3个国培样板支部。

二、全过程提升有抓手

1. 提升全球性视野，抓国际化人才培养

高校应注重对大学生全球胜任力的提升，培养更多政治立场坚定、业务水平精湛的国际化新型人才队伍，在参与国际事务中，讲好中国故事、传播好中国声音，这是高校服务国家人才战略需求的重要抓手。通过开展国际交流与合作、聘用外籍教师、引进青年海归人才、培养本土教师访学等办法，促使教学内容开放化、来源渠道多样化。学校邀请多位具有国际影响力的政要或专家担任名誉导师，实施联合国人口基金UPower计划，开展“一带一路”青年领导力校园大使选拔赛，与海外优质高校合作建立起本硕直通项目。通过以上有效方式和途径，全过程践行国际化人才的培养。后疫情时代，全球高等教育国际化还将继续，这也是实现高层次人才培养的必然选择。

2. 提升继续教育培训，抓应用型人才培养

新时代下的高等教育逐渐进入普及化阶段，社会对高质量教育需求愈发迫切。作为高校办学体系与终身学习体系

的重要组成部分，继续教育肩负着为社会培养具有较高综合素养、适应职业发展需要、具有创新意识的应用型人才的使命，必须将思政育人摆在突出位置，加强理想信念教育和价值引领。因此，要深入学习贯彻党的二十大精神，将其落实到继续教育全过程，在培训过程中植入“工匠精神”“挑山工精神”等思政教育元素，引导学生做社会主义核心价值观的信仰者、传播者、践行者，同时提供高质量的技能培训，加快推动学习型社会建设，更好地履行学校服务经济社会的社会职责，办人民满意的继续教育是高等学校新时代的重大历史责任，是继续教育工作者的使命担当。

三、全覆盖教育有方法

1. 加强人文素质教育

加强和培养大学生的人文素养教育在高校中越来越重要，以全面发展为根本，尊重其主体地位和个性需求，对思想政治教育质量具有重大的时代意义。第一，发挥好课堂教学的人文素质教育功能，把人文知识融入“两课”教育中、融入专业课教学中，同时开设人文素质教育课程，完善大学生的知识结构。第二，大力开展以培养人文素质为中心的校园文化活动，举办形式多样的社团活动或各类科技文化节，在活动中锻炼学生的才能，增加他们的人文知识、陶冶他们的情操，建设具有特色的校园精神文明，充分发挥环境育人的作用。第三，正所谓“教，上所施，下所效也”，大学生人文素质教育应体现到教师队伍建设中，在教师引进过程中，不仅要考核科研水平和业务能力，还要进行人文素质考核，充分发挥他们的“言传身教”作用。

2. 夯实安全教育

一是坚持广泛开展《中华人民共和国国家安全法》《反分裂国家法》等法律法规的宣传教育，使每个学生充分认识到国家安全是关系到国家存亡的大事，没有国家安全，就没有和平稳定的生活环境，每个大学生都有维护国家安全的责任和义务。二是抓好爱国主义教育，强化责任意识，通过党史、新中国史、改革开放史和社会主义发展史等四史教育，结合党和国家取得的一系列巨大成就，激发民族自信心和自豪感，增强向心力和凝聚力。三是积极开展保密教育，增强大学生敌情观念和保密意识，使每个大学生在涉外沟通交往中能自觉遵守各项保密制度和规定，自觉保守党和国家的秘密。

3. 建立健全朋辈教育

作为高校思想政治工作的重要组成内容，朋辈教育倡导学生进行自我管理、自我服务、自我教育，遵循学生成长成才规律，是培养德才兼备可靠接班人的重要途径。在朋辈教育中，应不断提升高校学生助人自助的主体意识，通过理想信念教育、专业学习辅导、心理困惑疏解、工作能力提升等方面促进双向互动与转化。一方面，发挥优秀学生的示范效应，将党团学生骨干、创新创业先锋、奖学金或学科竞赛获奖者等，树立为学生榜样，通过日常生活中理论宣讲和实际行动向广大学生传递正能量，进行思想引领。另一方面，完善以党团组织、学生社团、专业班级为阵地开展的朋辈教育推进学风建设工作，组建队伍、搭建平台、建立制度、开展活动，有效地构建朋辈教育体系。

四、全矩阵宣传有成效

1. 筑牢课堂育人主阵地

作为思想政治教育的“主阵地”，课堂必须牢牢控制在人民教师的手里，利用“两课”和主题班会教育的形式，更加注重理论与实践相结合，将思想政治教育内容与社会实际相结合，利用好网络直播教学、翻转课堂等方式，进一步提升教师与学生探讨交流的能力，增强主客体交流互动的实效。

2. 构建全媒体育人新格局

传统的广播电视、宣传栏、报刊发挥的作用有限，高校的思想政治教育应当不断积极变革。全媒体时代背景下，必须将网站、智能手机终端等新媒体与传统媒体有效结合，除了利用 QQ 微信群等即时通信工具与学生进行互动之外，还应当紧跟时代，掌握好短视频、朋友圈、微博等社交媒体的使用，与时俱进地转移思想政治教育的阵地。高校教师应当掌握新媒体技术，通过开设官方自媒体账号，以学生们喜闻乐见的方式，制作优质教育内容，提高思想政治教育的影响力。

3. 持续深化第二课堂

将思想政治教育融入各项文体活动和社会实践中，结合学生兴趣、爱好和成长需求，以及高等教育改革需要，使其外有体、内有魂，变被动为主动，有特色地融入学校人才培养“共同体”，形成一系列主题鲜明、内涵丰富、系统化、操作性强、可量化考核的学生活动，更好地达到思政教育的效果。

4. 发挥家校联盟的作用

健全学校家庭协同育人机制，充分发挥家校联盟的积极作用，对大学生思想政治教育有着十分重大的意义。除用日常通信方式相互联系以外，设立“校长信箱”、举办“家校共育恳谈会”和“校园开放日”，坚持开展常态化家访活动，邀请学生家长来校参加开学（毕业）典礼、表彰大会等，及时全面了解学生的困难和问题。在此基础上，进一步发挥新媒体和网络技术的优势，促使家校合作快速形成教育合力，建构起良好的教育互动关系，因材施教、因人制宜。

学校始终坚持以习近平新时代中国特色社会主义思想为指导，聚焦立德树人根本任务，秉持“厚德、博学、求是、创新”的人才培养理念，立足“基础实、能力强、素质高”应用型人才为培养目标，在实施高校大学生的思想政治教育工作中，探索了“一条主线全方位、两项提升全过程、三大教育全覆盖、四个载体全矩阵”的工作思路。面对新时代新征程，学校以质量立校，特色兴校，为国家社会经济发展培养高素质应用型人才，为实现中华民族伟大复兴做出积极的贡献。

参考文献

[1] 王萍．新时期大学生安全教育内容探索 [J]. 科技信息，2008.
[2] 张长安．大学生安全教育内容探讨 [J]. 四川理工学院学报（社会科学版），2006.
[3] 高歌．新时代高校大学生朋辈教育的探索与实践 [J]. 黑龙江教育（高教研究与评估），2022.
[4] 王凯．全媒体时代高校思想政治教育创新研究 [J]. 大众文艺，2021.
[5] 王春凤．论高等职业技术教育中的人文素养教育 [J]. 继续教育研究，2007.

困境与出路：新时代背景下共青团引领青年的新思路

龚宇梦　万能

（重庆城市科技学院　重庆永川　402167）

摘要：引领青年是党赋予共青团的一项重要职责。新时代背景下，“00后”大学生的思想与行为呈现出更加鲜明的特点，高校共青团引领青年的工作也面临着新的挑战。把握新时代大学生群体特征，分析当前高校共青团引领青年面临的困境与挑战，以探索新时代背景下共青团引领青年的新思路。

关键词：新时代；共青团；引领青年

党的二十大报告指出：“全党要把青年工作作为战略性工作来抓，用党的科学理论武装青年，用党的初心使命感召青年，做青年朋友的知心人、青年工作的热心人、青年群众的引路人。”高校共青团是国家先进青年学生的群众组织，是党的助手和后备军，肩负着凝聚和引领青年学生的重任，是党联系青年学生的桥梁和纽带。

一、新时代背景下青年的思想与行为特点

出生于千禧年后的“00后”大学生作为新生力量，成为

大学生队伍的主力。“00后”大学生经历了国内外社会的巨大变革，其成长过程受到社会、学校、家庭等多重环境的影响，造就了他们独特的思想与行为特点。

进入新时代以来，学者们发现“00后”大学生具有“个性张扬，思想开放，自我意识强烈，集体意识薄弱”，“过度依赖互联网，泛娱乐化明显”，“有正确的理想信念和明确的价值观，但更倾向于以自我为中心”等引人注目的特点。大部分的“00后”学生不太认同对共青团组织传统的说教式、灌输式培养模式，对共青团组织的活动漠不关心，甚至产生一定的疏离感，热情度和参与度都不高，更热衷于到互联网上吐槽、在微信微博等新媒体上表达观点。

二、新时代背景下共青团引领青年面临的困境及原因

团组织传统的思想引领工作，是按照“灌输理论，实施教育，转变思想，引导行动”的顺序进行，有学者指出：“过去的思想政治教育，主要是通过集中教育、单向灌输、课堂讨论等方式，形式比较单一，重说教，轻引导。”进入新时代以来，这种状况依然未能得到根本性改变。

高校共青团组织在开展思想引领工作时，大多是自上而下的说教方式，教师单向灌输而学生被动受教。这种说教方式往往忽略了学生真实的需求，甚至让学生产生抵触思想，

不愿意说出自己真实的看法。

在高校共青团工作中，服务对象是普通的青年学生，“00后”青年学生普遍自我意识较强，不愿意打开心扉与他人交流，具有一定警惕性和独特性，这对掌握青年学生思想动态带来一定难度。此外，虽然很多高校共青团组织建立了各自的官网、微博账号、微信公众号等自媒体平台，但在实际工作过程中发现学生很少通过这些官方平台上发布信息，甚至从未关注团组织的相关网络平台，因此，高校共青团也很难通过互联网渠道掌握青年学生的思想动态。

三、新时代背景下共青团引领青年的新思路

1. 抓好“关键少数”，带动“绝大多数”

打铁还需自身硬，共青团组织开展思想引领工作，首先，要抓好“团干部”和“团学骨干”这个“关键少数”。作为共青团组织中的“关键少数”，共青团的主要学生骨干，要以上率下，与时俱进，先学一步、学深一步，树立正确的理想信念，不断丰富自身的思想理论水平，提高自身的党性修养；要走近青年、联系青年、关心青年的迫切需求，在宣传和实践中，精准掌握青年的思想动态，示范引领带动“绝大多数”。

2. 与青年“同玩[1]”，使共青团更“接地气”

有学者指出：“你有多重要的思想内涵，就要用多重要

的形式进行包装，共青团就是要用青年学生喜爱的形式把要传达的思想内涵包装起来，这样才能被青年学生所接受”。

“同玩”，就是根据青年学生的兴趣爱好以及特长等实际情况，设计和组织一些活动，吸引青年学生通过线上线下的多种渠道参与其中。在共青团精心策划和组织下，青年学生不仅可以成为活动的参与者，也可以是活动的策划者、组织者和行动者。和青年“同玩”中的“玩”，只是外在表现，其内涵是针对青年学生的兴趣爱好和特长，精心设计一些受青年学生所喜爱的活动，潜移默化地传递一些有助于青年学生健康成长的思想、理念和价值观。

3. 用好“互联网 +”阵地，贴近青年的话语体系

面对信息化技术日新月异，“00 后”大学生思想多元开放的特征，用好“互联网 +”阵地，使思想引领深入青年心。要“入乡随俗”说“乡话”，用青年学生圈内的话语体系与青年学生精心对话，将主流的大道理转化为青年学生生活中的小领悟，在内容、形式和载体上贴近青年学生群体，使他们实现从“受众”到“用户”身份的转变。宣传时要融入青年学生的符号体系，以直播、短视频、动画、表情包、图片等形式和网络热词来增强宣传表达的趣味性，用简单易懂的叙事方式与青年学生沟通，拉近与青年学生的心理距离，直抵青年学生的思想深处，让主流的宣传话语与青年学生的内心发生奇妙的化学反应。

时代赋予青年使命，青年在时代使命中砥砺前行。作为

新时代背景下的共青团，讲好“党的故事”，做好高校共青团的思想引领工作，引领广大青年听党话、跟党走，把青春播撒在民族复兴的伟大征程上，为党和人民的事业贡献青春力量。

参考文献

[1] 刘宏森．瓶颈与途径：共青团引领青年工作方法创新研究 [J]. 青年发展论坛，2021，31(1)：59–71.

[2] 耿海霞．新时代“00 后”大学生思想行为特点及教育引导策略研究 [J]. 科教文汇，2022(11)：41–44.

[3] 卓婷婷，苏彤．“00 后”大学生思想行为特点及教育引导对策 [J]. 武汉冶金管理干部学院学报，2022，32(1)：49–52.

[4] 叶兰兰，方悦．大思政格局下高校团学思想引领工作研究 [J]. 现代交际，2019(11)：7–8.

[5] 王春花．新时代面向 00 后的团学宣传思想工作探究 [J]. 教育教学论坛，2020(34)：9–11.

从“两个务必”到“三个务必”，论新媒体时代下高校思政教育的变与不变

荆秋叶

（重庆城市科技学院　重庆永川　402167）

摘要：习近平总书记在党的二十大开幕会上所作报告中开宗明义指出：“全党同志务必不忘初心、牢记使命，务必谦虚谨慎、艰苦奋斗，务必敢于斗争、善于斗争，坚定历史自信，增强历史主动，谱写新时代中国特色社会主义更加绚丽的华章。”新媒体技术迅速发展，给高校思政教育带来机遇的同时，也提出新的挑战。在新媒体时代下，如何坚守高校思政教育初心与使命、引导广大青年学生成长成才，利用新的技术手段、创新工作方式方法变得至关重要。

关键词：务必；变与不变；高校思政教育；创新；初心使命

一、引言

1949年，在党的七届二中全会上，毛泽东同志响亮提出：“务必使同志们继续地保持谦虚、谨慎、不骄、不躁的作风，务必使同志们继续地保持艰苦奋斗的作风。”2022年，在党的二十大开幕会上，习近平总书记开宗明义指出：全党

同志务必不忘初心、牢记使命，务必谦虚谨慎、艰苦奋斗，务必敢于斗争、善于斗争，坚定历史自信，增强历史主动，谱写新时代中国特色社会主义更加绚丽的华章。“两个务必”和“三个务必”都是特定历史节点的产物，是我党根据实际国情开辟的马克思主义中国化时代化新境界。大学生作为未来建设国家的中坚力量，高校教育如何正确引导其成长成才，做好其思想政治教育至关重要。

新媒体作为不同于传统传播方式实现传播的新型媒体[1]，运用新媒体技术，可以实现教育者、受教育者间的跨时空交流互动，为教育者提供丰富教育载体和方式方法，为受教育者拓宽学习渠道，进一步实现了教育资源共享。

在新媒体时代，高校如何在坚守立德树人的初心和使命的同时，在学生思想政治教育过程中利用新技术，是新形势下提升学生思政教育水平的必然要求，也是实现思政教育建设信息化、现代化的必然选择[2]。

二、迈入新媒体时代

随着科学技术的迅速发展，以人工智能、大数据、移动互联网以及 5G 等新技术为支撑的新媒体技术慢慢融入大家的生活。新媒体构建了一个具有整体性、群体性与个体性的网络信息生态空间，实现了信息传播的严谨、宽广、精准、规范，弥补了传统媒体时代信息传播与主流意识形态建构存在的不足。同时，新媒体技术在为各教育主体提供资源分享、方式方法等便利的同时，也给其带来一定冲击。高校大学生尚未进入社会，心理发育尚处于半成熟状态，缺乏一定的信息识别能力，因此高校思政教育工作者要大胆运用新技术新手段，推动高校思政教育走深走实。

三、高校思政教育核心要义是坚守立德树人的初心和使命——不变

（一）立德树人是中国共产党教育事业的初心和使命

“培养什么人、怎样培养人、为谁培养人是教育的根本问题”。高校作为培养新时代高素质人才的主要平台，承担着为党育人、为国育才的重要使命，而在新媒体时代下，如何坚守立德树人的初心使命，利用新媒体技术进一步建立健全立德树人的机制，深化教育教学改革，使立德树人贯穿于教育的各环节是至关重要的一环。

（二）思政教育是高校坚守立德树人初心和使命的重要环节

习近平总书记多次强调，要讲好思政课，用新时代中国特色社会主义思想培根铸魂。虽然时代不断向前发展，但高校思政课坚守立德树人的初心和使命不能变。要将思政教育

融入学生日常管理和专业教育全过程，要根据“00后”学生的认知和行为特点，将思政教育与学生教育教学紧密结合起来，以现实问题为导向，采用VR技术、AR技术、全息影像等新技术，以及微信、微博、小红书、视频号等新媒体平台有的放矢开展思政教育，引发学生关于现实问题的讨论和独立思考，更好地引领其他各类课程同向同行，形成更好的立德树人的协同效应。要强化高校学生的使命担当，引导学生做社会主义的合格建设者和接班人。

四、立德树人的时代内涵和基本要求

立德树人的内涵与时代和社会发展密切相关。高校承担着培养符合新时代党和国家需要的人才的重要使命，要坚持将思政教育融入学生教育的全过程，让学生在学习中掌握马克思主义理论，在实践中感悟马克思主义理论，通过脚步丈量祖国大地，通过眼睛发现中国精神，深入群众，扎根基层，在学习和实践中洞察党的百余年奋斗历程，从而进一步坚定其共产主义远大理想和中国特色社会主义信念。高校思政教育就是要引导学生将实现个人理想与国家、民族发展统一起来，自觉做崇高理想信念的坚定信仰者和思想实践者，让青春在实现中华民族伟大复兴的实践中熠熠生辉。

五、借助新媒体手段，高校思政课坚守立德树人的初心和使命的路径——变

新时代，党和国家对落实立德树人提出了新要求，高校思政课应积极探索立德树人根本任务的实现路径，努力学习新技术、新方法，了解新时代大学生思想，结合实际情况做好大学生思政教育。

（一）思政课教师应不断提升自己专业素质

思政课的关键在于思政课教师，讲好思政课就要求高校思政课教师要具备扎实的政治理论基础，过硬的马克思主义理论功底，更为广阔的教学视野和创新的教学方法，积极利用新技术、新手段，改进教学方式方法，结合“网生代”学生实情，提高思政课堂“抬头率”和“参与率”，引导学生形成正确的政治立场和观点。同时，高校思政课教师应以身为范，不断锤炼自身品格，坚定自身政治理论信仰，让学生“亲其师，信其道”。

（二）高校应不断深化思政课教学改革

高校应全面统筹思政课程与专业课程的关系，将思政教育融入专业教育，将思政教育渗透进学生教育的方方面面。同时，高校应不断利用新技术新手段，创新教育教学方式，使思政课课堂活跃起来，学生积极参与进来，力争使高校思

政课程成为大学生喜爱、受益的课程。纸上得来终觉浅，绝知此事要躬行。高校要积极组织各类社会实践活动，鼓励学生积极参与其中，要让学生在实践中深刻领悟政治理论，在实践中明晰使命与担当。

六、结语

高校思政教育是青年学生的引路石，在帮助学生塑造正确的世界观、人生观、价值观方面有着不可替代作用。关注学生成长成才，要充分发挥思政课程作用，不断提升学生思想水平、政治觉悟、道德品质和文化素养，让学生成为服务于社会主义事业和民族复兴的优秀人才。

参考文献

[1] 张玉冰．论优化大学生思想政治教育环境的有效途径 [J]. 世纪桥，2009(10)：112-113.
[2] 邱伟光，张耀灿．思想政治教育学原理 [M]. 北京：高等教育出版社，1999.

挺起新时代精神脊梁——以党史学习深化大学生思政教育

况心玲　胡容

（重庆城市科技学院　重庆永川　402167）

摘要：青少年是新时代的生力军，是实现民族复兴和第二个百年奋斗目标中的骨干和脊梁。大学是青少年世界观、人生观和价值观形成和发展的关键时期，高校思想政治教育作为高校教育的重要组成内容，对于培养大学生优良的品质、完整的人格具有不可替代的作用。将党史学习融入思政教育，可以有效深化大学生思政教育的育人功能，引导学生形成良好道德品质和正确价值观念，是青年大学生厚植爱党、爱国、爱社会主义情感的重要途径，也是青年大学生抵制不良思潮，坚定理想信念的关键支撑。

关键词：思政教育；党史学习；大学生

一、将党史学习融入思政教育意义重大

改革开放以来，党中央切实加强和改进对大学生思想政治教育工作的领导。特别是党的十八大以来，以习近平同志为核心的党中央高度重视传承和弘扬党的光辉历史，发挥

党史资政育人的重要功能。习近平总书记在党的二十大报告中强调，学习和践行伟大建党精神，在新的征程上更加坚定、更加自觉地牢记初心使命、开创美好未来。各地区教育部门、各高校认真贯彻落实党中央决策部署，不断加强和完善大学生思想政治教育工作，将党史学习与思政教育相融合，在推进高等教育改革发展，培养高素质人才等方面发挥了重要作用。

当代大学生思想政治状况在主流上呈现积极健康、向上向好的良好态势，爱国主义热情强烈，积极关注国内外经济政治形势和社会热点，展现出自信自强，刚健有为的精神风貌。随着国内外形势发展，新时代大学生思想政治教育恰逢时代的机遇，也面临着严峻挑战。随着我国信息化社会不断发展，人们获取知识和信息的渠道日益丰富多样，大学生思维活动也表现出更强的独立性、多变性和差异性。这一方面有利于大学生开拓思维新天地，另一方面也带来一些不容忽视的问题。部分大学生不同程度地出现理想信念模糊，社会责任感缺乏，集体意识淡薄，艰苦奋斗精神弱化，心理素质欠佳等问题。高校如何优化思政教育方法和手段，充分利用好我们最宝贵的党史教育资源，发挥好民族精神对青少年的激励作用，将思想政治教育与学生思想实际紧密结合，直接影响着大学生道德品质的培养，理想信念的确立以及综合素质的提升。

二、讲好党的百年历史，汲取奋进力量

结合党的百余年奋斗历程，讲好中国共产党团结带领中国人民从站起来、富起来到强起来的历史，是党史学习的重要内容，也是思政教育中必不可少的内容。历史是鉴往知来最好的教科书，党史是思政教育最好的营养剂。知史鉴今，烛照未来的党史教育，为我们更好地开展大学生思想政治教育指明了方向，提供了根本遵循以及不竭的精神力量，鼓舞学生“学史明志、学史增信、学史励行、学史力行”。

（一）在党史学习中明志

中国共产党自成立之日起，便把为中国人民谋幸福，为中华民族谋复兴作为自己的初心使命。从播下革命火种的小小红船，到领航复兴伟业的巍巍巨轮，中国共产党走过了伟大的辉煌历程。战洪水，抗地震，防非典，应变局，化危机……从一穷二白到如今全面建成小康社会，我们党一路走来之所以能够经受一次次挫折而愈挫愈勇，不断奋起，归根到底是因为我们党自诞生以来便确立了明确的信念和追求。当代大学生在成长过程中同样需要坚定理想信念，找准人生目标，明确前进方向，同时应当立足当今世界格局以及中国实际，顺应时代发展趋势，把个人发展融入实现中华民族伟大复兴的历史进程中，制订符合时代发展趋势以及自身实际的人生目标和规划，脚踏实地，刻苦学习，不断朝前奋进。

学习党史，是要从思想上增强对党的历史的理解认同，在与历史的对话中了解党从成立、发展到壮大的脉络进程，在对历史规律的认识和把握中得到借鉴和启示。将党史学习融入高校思政教育中，通过党史教育让青年大学生清楚了解中国共产党为人民谋幸福，为民族谋复兴的百年历程，熟悉中华民族从站起来、富起来到强起来的伟大历史飞跃，以此鼓励大学生将实现个人理想与心怀家国理想结合起来，将服务国家、人民与实现个人价值结合起来，以勇于担当的精神融入建设中国特色社会主义现代化强国，实现中华民族伟大复兴的奋斗中来。

（二）在党史学习中增信

“我们党的每一段革命历史，都是一部理想信念的生动教材。”在新民主主义革命中，中国共产党浴血奋战推翻“三座大山”，使中国人民真正成为国家主人；在社会主义建设中，艰苦卓绝告别积贫积弱，使人民得以衣食温饱。在改革开放时期，砥砺前行开辟社会新貌，显著改善人民生活水平；党在百余年来的发展过程中始终坚定理想，斗志昂扬，一步步带领人民走出贫困窘境、走向自立自强，中国人民越来越自信，中华民族越来越自豪。载人航天、探月探火、超级计算机……一项项重点工程，一个个国之重器，一次次创新突破也无一不让中国人民信心倍增。习近平总书记指出：“当今世界，要说哪个政党、哪个国家、哪个民族能够自信的话，那中国共产党、中华人民共和国、中华民族是最有理由自信的。”

信心是力量的源泉。在高校思政教育中应当通过开展党史学习，积极引导青年大学生了解党团结带领人民为中华民族做出的伟大成就和根本成就，把艰苦奋斗的过去与日新月异的现在贯通起来，不断增强作为中国人的志气、骨气和底气，在风险挑战面前砥砺胆识，激发朝前奋进的信心和动力，全力战胜前进道路上的各种困难和挑战。

（三）在党史学习中励行

罗曼·罗兰说：“信仰不是一种学问，而是一种行为，它只有被实践的时候，才有意义。”党的二十大报告中指出：“中国人民和中华民族从近代以后的深重苦难走向伟大复兴的光明前景，从来就没有教科书，更没有现成答案，党的百年奋斗成功道路是党领导人民独立自主探索开辟出来的。”百年来，国家的变化、社会的发展有目共睹，这都是在党的坚强领导下，大家团结一致艰苦奋斗的结果。党的二十大报告振奋人心，作为大学生，应当继续保持昂扬斗志，永葆“闯”的精神、“创”的劲头、“干”的作风，在祖国的发展中彰显担当作为。玉非精琢难成器，铁经百炼而成钢。

学习党史，要同解决实际问题结合起来，把学史明志、学史增信的成效转化为悟思想、办实事、开新局的实际行动。这种结合和转化，要体现在坚持不懈用党的创新理论最新成果武装头脑、指导实践和工作上，要体现在真抓实干、攻坚克难、办实事上，才能凝聚起实现中华民族伟大复兴的磅礴力量。新时代大学生应当把党史当作最好的教科书，在勤奋钻研中掌握科学知识和方法，在创新创业中增长智慧和才干，在社会实践中磨砺能力和本领。

新时代挑战和机遇并存，也对大学生思想建设提出了更高的要求。对高校来说，提升大学生思政教育质量是一个长期系统性的工程，既不能一蹴而就，也不能一劳永逸，需要准确把握各种文化思想对大学生产生的影响，传承和弘扬党的光辉历史，发挥党史育人的重要功能。青年大学生应当从党史中汲取精神力量，用党的奋斗历程和伟大成就鼓舞斗志、明确方向；用党的光荣传统和优良作风坚定信念、凝聚力量；用党的实践创造和历史经验启迪智慧、砥砺品格，拒绝“佛系”和“躺平”，勇挑重担，砥砺前行，为民族复兴铺路架桥，为祖国建设添砖加瓦，挺起新时代新青年的精神脊梁！

参考文献

[1] 习近平．在中央党校建校 80 周年庆祝大会暨 2013 年春季学期开学典礼上的讲话 [N]. 人民日报，2013-03-03(2).

[2] 习近平．高举中国特色社会主义伟大旗帜 为全面建设社会主义现代化国家而团结奋斗——习近平同志代表第十九届中央委员向大会作的报告（摘登）[N]. 人民日报，2022-10-17.

[3] 开展党史教育的根本遵循 [N]. 求是，2021-03-31(7).
[4] 叶福林 . 新时代强化大学生党史学习教育的若干思考 [J]. 思想理论育，2021(3)：83-87. DOI:10.16075/j.cnki.cn31-1220/g4.2021.03.013.
[5] 邓杨 . 新时代高校课程思政建设的价值内涵与优化路径 [J]. 河西学院学报，2022，38(1)：84-87.
[6] 张晓霞 . 高校思政教育在学生管理中的实践路径探析 [J]. 科教导刊，2022(6)：141-144.
[7] 董昊 . 党史教育融入高校思政教育的路径探析 [J]. 决策探索（下），2021(11):49-50.DOI:10.16324/j.cnki.jcts.2021.11.027.
[8] 王艺寰 . 新时代高校思政教育改革路径探析 [J]. 活力，2022(10)：37-39.

高校思政教育中“红色文化资源”的功能优势及实践途径分析

李菊　刘东梅

（重庆城市科技学院　重庆永川　402167）

摘要：在全球化的过程中，各种文化也逐渐流传进来，由于文化差异，对一件事情的看法各有不同。当代学生的思想也会或多或少受到影响，从而对学生的行动也会产生一定的影响。对学生进行思想教育是作为老师的一项重要工作，要做好思想引领工作，防止学生形成不正确的三观。将红色文化的优势融入日常的思想教育中，对塑造正确的三观有着极为重要的作用。

关键词：红色文化；思政教育；高校

学生接受思想教育的重要资源是红色文化，其包含了中国共产党建党以来的各种精神品质。一方面，红色文化有利于思政教育的开展；另一方面，思政教育也促进了红色文化的传承。习近平总书记倡导我们要用好红色资源，宣传好社会主义核心价值观，做好思政工作，为中华民族的复兴培育时代新人。将红色文化资源很好地融入高校思政教育中，是这一理念恰如其分的体现。

一、红色文化资源的优势

1. 充实思政教育的内容

教学资源在教学的过程中起着重要的作用，丰富的、优质的资源有利于促进教学的开展。在我们的红色文化中，有很多可以利用的资源，这些资源都可以作为思政教育的素材。如我们党的革命精神，不仅有最初不怕牺牲、勇于前行的精神，随着时代的发展还融入了新的元素，丰富了其精神内涵。又如我们的伟大建党精神，其包含了坚持真理、坚守理想、践行初心、担当使命等。红色文化资源里面有很多适合思想教育的内容，随着时代的发展会增添一些新的含义，这也给我们的教育注入了新的血液。

2. 促进思政教育的目标

红色资源中不仅包含了丰富的内容，而且有很多案例可以对其中所体现的思想、精神进行说明，使其不仅有理论内涵，还有现实支撑。这样就构成了一个完整的逻辑系统。特别是那些发生在身边的、自己经历过的，最有说服力。红色资源不缺乏案例，例如，在抗击新冠肺炎疫情中形成的众志成城的抗疫精神，面临这场巨大的挑战，党员干部心系人民，奔赴前线。无数医护人员无私奉献，冒着风险，辛勤工作；又如重庆山火中，志愿者说“我是党员，我先上”，不惧火浪来袭，只想为人民、为绿水青山尽一份力量；再如黄文秀，小小的肩膀承载着大大的梦想，一心为人民办事，有一颗奉献的心，不负青春，不负韶华。通过这些实实在在的人物和事迹生动地传达正确的三观，通过对这些案例的剖析来回答学生的一些质疑，引导大学生形成正确的思想。

二、红色文化融入高校思政教育的实践路径

1. 寻找红色文化资源

将思政教育作为目的，发现、寻找与这一主题相契合的红色文化，再从中分析出其包含的实质内涵，将这一资源用于思政教育的实践中。在这一过程中，可以尽可能地挖掘出足够多的文化资源，这样不管是从量的方面，还是从实质内容方面都具有说服力，以便在实际的教学工作中得心应手。此外，在挖掘红色文化的过程中，形式可以多样，尽量提高学生的积极性，让他们参与进来，这样效果会有明显的提高。开展征文、朗诵、知识竞答等一系列活动，让学生自己去探索红色文化。他们经过选择主题、查找相关资料、讨论，直至最后完成作品，都会更进一步加深他们的思想感悟。学生从自己的角度去解读红色文化，可以展现当代学生独特的想法，老师有时候也会收到意外的惊喜。

2. 创新教学方法

多种形式教学，丰富教学方法。首先，老师在进行思政教育时要准备充分，多用新的例子，学生容易感兴趣的例子，避免在传授思想的过程中抓不到学生的注意力，同时

要增加互动的环节，通过提问、讨论的方式提高他们的参与性，使其真正融入进来。其次，完善网课平台，将一些优质的课程导入在里面，学生登录的环节尽可能便捷，减少学习的阻碍。利用好“两微一端”，提供优质推文，为红色文化资源做好介绍。最后，可以开通便捷通道，学生有问题在课余也能够得到解答，把教学扩展到课堂之外，形成一个较为完整的学习系统。

3. 正确引导舆论

当代大学生喜欢关注网上热点话题，网络平台的各种言论会对他们的思想产生冲击。网络是一个虚拟的空间，里面的东西良莠不齐，学生经验不足，容易被一些思想、情绪带偏。老师对于这些热点问题，要形成自己的看法，一方面可以从理论上对学生进行讲解，告诉他们遇到这样的情况该怎么办；另一方面可以采用一些红色文化例子对其进行佐证，让他们明白自己的定位，让学生在大是大非面前能有自己的定力，坐得住、看得清，不轻易被不良思想带偏。

三、结语

红色文化本身和思政教育可以互补互助，利用红色文化的优势，有利于思政教育工作的进行。思政教育工作穿插红色文化，有利于这一文化的传承，有利于发扬其中的精神，让学生感悟英雄先烈的感人精神，以他们为榜样，在社会上发光发热。发掘红色文化的资源，创新传道授业的方法，借助平台的优势，将这一举措落实在实践中。以实际行动来做好高校的思政教育，帮助学生形成正确的三观，使他们思想上不移位，行动上不出错，有一个青年的精神面貌，为祖国的建设不懈奋斗。

浅谈新时代新青年的责任与担当
——贯彻落实党的二十大精神

梁琴

（重庆城市科技学院　重庆永川　402167）

摘要：随着马克思主义在中国的传播与发展，不同时代的青年在历史进程中承担着重要的角色，青年作为国家的未来和民族的希望，以实现中华民族伟大复兴为己任，担负起国家富强、民族振兴、人民幸福的使命与担当。如今，新时代中国青年有了新的发展环境。在过去70多年的建设发展、40多年的改革开放中，广大青年响应着党的号召，保卫祖国，艰苦创业，发出了振兴中华的时代强音，为祖国的繁荣开拓创新，铸就了美好的明天。

青年是使历史加速向美好生活前进的重要力量。在党的二十大召开后，世界的目光越来越凝聚，中国复兴的重任越来越繁重。人类历史发展告诉我们，时代的性格就是青年的精神，未来属于青年，希望寄予青年。广大青年必须以贯彻落实党的二十大精神为核心，研究新时代青年使命担当的内涵，进一步剖析作为新时代新青年应该在落实党的二十大精神中完成相关任务，让青年在时代主题中完成使命。

关键词：新时代新青年；使命与担当；党的二十大精神

一、新时代大学生使命担当的内涵

（一）厚植爱国情怀

作为中华儿女，唯有热爱自己的国家才能自觉承担时代赋予的历史使命，才能自觉地投身于中华民族伟大复兴中国梦的实践之中，才能真正为人民谋福祉，为人民办实事，才能将自己的人生奋斗目标与为祖国的发展进步、繁荣富强而奋进联系起来，才能真正置身于祖国需要的地方，敢于牺牲和奉献自己的一生。

2014 年 5 月 4 日，习近平总书记与北大师生座谈，探讨了社会主义核心价值观，激励新时代的青年继承发扬五四精神。五四精神是与民族精神和时代精神相统一的。实现“两个一百年”奋斗目标，刚好贯穿着这一代青年的人生历程。这一代的青年有着热爱祖国和报效祖国的使命，将个人的命运与国家的命运相结合，与国家的前途和民族的存亡相同步，与自己的人生奋斗目标相联系，敢于奉献，乐于奉献，自觉担负起时代的使命而奋斗不止，英勇不屈。

（二）树立使命自觉意识

自觉意识是新时代新青年使命与担当的首要内涵，要求当代大学生有历史使命、历史责任和时代命运的意识。习近平总书记在党的十九大报告中提到，培养当代民族复兴大任的时代新人的新要求。历史选择青年，未来等待青年，只有坚持拼搏，不断奋进，将自己前途与国家的命运相结合，自觉坚定理想信念，勇于担当，抓住民族振兴的历史机遇，就一定能创造出属于青年的伟大业绩。

1840 年鸦片战争以来，我国从国家蒙辱、人民蒙难、文明蒙尘的艰难岁月，到如今，为实现中华民族伟大复兴这一伟大的梦想而奋斗不止。为了这个梦想的实现，多少仁人志士奔赴在第一线，奔跑在战场上，奔走在人民幸福大道上。“国不可一日无青年，青年不可一日无觉醒。”在党的领导下，一代代青年高举坚持共产主义伟大旗帜，只为国家和民族的大义大爱而拼搏，奉献和牺牲唱响了一曲曲崇高壮丽的青春赞歌。社会主义革命和建设时期，是中国青年的奋进和不懈努力，开启了建设社会主义的新模式。改革开放和社会主义现代化建设新时期，是中国青年的拼搏和继往开来，为社会主义建设开创了新的局面。中国特色社会主义新时代更不忘历史给予的使命和担当，继续发扬奋斗精神，才能使中华民族勇立潮头。习近平总书记在庆祝中国共产主义青年团成立 100 周年大会上的重要讲话中强调：“实现中国梦是一场历史接力赛，当代青年要在实现民族复兴的赛道上奋勇争先。”新时代的中国青年必须树立使命自觉意识，必须担负起时代重任，创造时代赋予的新的历史意义。必须坚守马克思主义信仰，坚守中华民族伟大复兴的梦想，才能真正承担起时代赋予的使命。

（三）树立责任担当意识

责任意识是承担对家庭、社会、国家责任的一种意识，是新时代新青年的使命与担当的基本内涵。要求当代大学生要自觉承担起对家庭、社会、国家的责任。当代大学生对待家庭要尊重长辈，时刻关爱家人的健康，勇于担当家庭重任，为家庭排忧解难，用心营造和谐美好的家庭氛围。对待社会要遵纪守法，遵循社会发展规律，自觉履行好自己的社会责任和义务。作为新青年，不光在家庭中承担着家庭责任，还要在社会上承担着更重要的角色。只有正确树立好责任担当意识，才能在家庭角色、职业角色和公民角色中增添时代气息，在岗位中发挥青春热血，为中国特色社会主义贡献出自己的力量。

（四）发扬实践创新精神

习近平总书记指出，创新是引领发展的第一动力。在新时代背景下，我国的经济、文化、政治等建设都离不开创新驱动发展战略。完善国家创新体系，才能激发人才创新活力，提升技术创新能力。而社会实践是大学生创新能力形成的重要途径，只有将理论知识和实践共同结合，扩大知识面，增强思想的深度和广度，增强知识储备和社会阅历，才能提高青年大学生的创新意识和创新能力。奋斗的青春最美丽，只有积极投身于新时代中国特色社会主义的伟大实践中去，向创新创业挺进，才能为新时代提供青春活力。

青年作为时代的新力量，在科技中不断突破自己，抓住时代机遇，掌握着未来科技的发展脉络和发展技术，在新形势的考验中不畏艰辛、开拓创新，为中国的科技市场打下坚实的基础。

二、解读党的二十大报告对新时代新青年的使命与担当的相关任务

（一）新征程上青年生逢其时，无比幸运

习近平总书记在党的二十大报告中专门寄语青年一代。当代中国青年生逢其时，施展才干的舞台无比广阔，实现梦想的前景无比光明。其中还分析了当代青年的人生际遇，是青年大有可为的好时机。党的二十大制定了全面建成社会主义现代化强国分两步走的总体战略，从 2020 年到 2035 年基本实现社会主义现代化。从 2035 年到 21 世纪中叶，把我国建设成为富强民主文明和谐美丽的社会主义现代化强国，这是实现全面建成社会主义现代化强国的好时机，也是青年人奋斗的黄金时期，是整个新时代新征程的见证者、参与者、奋斗者和创造者。

党的二十大报告中深刻阐述了中国特色社会主义的本质要求，提出了一系列惠民生、暖民心的新思想和新举措，解

决包括青年在内的广大群众的民生问题，为青年提供了机遇和保障，为青年一代在新征程上建功立业提供了广阔的舞台。党的二十大报告强调了把青年工作作为战略性工作来抓，落实党管青年原则的战略要求，为青年工作指明了方向，划定了重点，为青年发挥聪明才智创造了有利的条件。

（二）新征程上青年使命在肩，责任重大

习近平总书记深刻指出，无论过去、现在还是未来，中国青年始终是实现中华民族伟大复兴的先锋力量。国家发展靠人才，民族振兴靠人才。在党的二十大报告中显示，要坚持系统观念，对教育科技人才工作单列为一个部分进行安排，彰显了党在中国式现代化教育中抓关键、补短板的考量举措。以全面推进中华民族伟大复兴为己任，坚持科技是第一生产力，人才是第一资源，创新是第一动力，新时代比历史上任何时期都更加渴求拔尖创新人才的培养，这更大范围地发挥了科技创新驱动的引领作用。这既赋予了青年新的使命，也为青年施展才干提供了新的契机。因此，必须实施科教兴国战略、人才强国战略，不断塑造发展新动能新优势，开辟发展新领域新赛道。

（三）坚定理想信念，肩负起新时代新征程的历史使命

“广大青年要坚定不移听党话、跟党走，怀抱梦想又脚

踏实地，敢想敢为又善作善成，立志做有理想、敢担当、能吃苦、肯奋斗的新时代好青年，让青春在全面建设社会主义现代化国家的火热实践中绽放绚丽之花。”这是习近平总书记对新征程上青年的深情期待，也是殷殷嘱托。

第一，要坚定不移听党话、跟党走，努力成为堪当民族复兴重任的时代新人。要认真学习贯彻党的二十大精神，学深悟透习近平新时代中国特色社会主义思想，掌握其世界观和方法论，增强“四个意识”、坚定“四个自信”、做到“两个维护”。要从内心深处厚植对党的信赖和信心，赓续红色血脉，传承红色基因，让红色江山一代一代传承下去，根植于民族灵魂深处，才能真正理解不忘初心、牢记使命的意义。作为新时代新青年更不应忘本，不应忘记历史。只有践行群众生活，才能真正做到为人民服务，从群众中来，到群众中去。

第二，要练就过硬的本领，增强实干的精神。作为新时代的中国青年不应一点苦难就退缩不前，应积极树立坚持不懈、奋斗不止的精神，主动学习新知识新思想，更新自己的思想和脉络，将理论知识与实践创新相结合，将发扬传统文化与现代文化相统一，立足岗位、苦练本领、力争上游，打造一批新知识新思想的优秀人才，努力成为行业骨干、青年先锋。

第三，发扬中国永久奋斗传统。习近平总书记指出：“青年时代树立正确的理想、坚定的信念十分紧要，不仅要树立，而且要在心中扎根，一辈子都能坚持为之奋斗。”如今，我们的物质条件在党的领导下越来越优渥，科技文明发展越来越先进，教育文化水平越来越高。作为新时代的青年，我们骨子里的精气神不能少，必须将中国青年永久奋斗的传统精神发扬传承。在全面建设社会主义现代化国家的新征程上必然会有艰难险阻甚至惊涛骇浪，必须牢记“空谈误国、实干兴邦”，胸怀“国之大者”，立志做有理想、敢担当、能吃苦、肯奋斗的新时代好青年，用担当和尽责展现青春风采，既实现自己的青春梦、人生梦，更用青春奋斗汇聚起全面建设社会主义现代化国家的磅礴力量。

三、结语

通过对党的二十大报告的学习和研究，作为一名高校辅导员老师，在引导大学生思想理论教育的同时，更要有沉甸甸的责任意识，要坚持为党育人、为国育才的策略和方针。用专业知识教育学生，用身体力行熏陶学生、用勤恳不屈的精神感染学生。坚守人民教师的初心和使命，真正做到有坚定的理想信念，有奋斗不屈的实践创新精神，要不断加强自身的政治理论学习，提高自身的党性修养，专心驻扎在工作岗位，更好地做到为学生服务，为学生排忧解难，做青年的知心人、贴心人。鼓励学生们认真学习贯彻党的二十大精神，落实好立德树人的根本任务，培养出德智体美劳全面发展的社会主义建设者和接班人。

参考文献

[1] 郭军．不忘初心得始终 勇立潮头敢为先——论新时代中国共产党的历史使命 [J]. 中共陕西省直机关党校学报．2017，25(8): 99-101.

[2] 致辅导员丨不忘初心，牢记使命，辅导员在“立德树人”的征程中要砥砺四种品格 [EB/OL]. 2019-11-11. https：//www.sohu. com/a/332686678_278563.

[3] 徐县中．新时代大学生使命教育路径探析 [J]. 新西部，2020(8): 138-139.

[4] 伊飞，张索坤，张学超．新时代大学生的使命教育 [J]. 高校辅导员学刊，2018(6): 62-66.

[5] 习近平．用新时代中国特色社会主义思想铸魂育人 贯彻党的教育方针落实立德树人根本任务 [N]. 人民日报．2019-03-19(1).

[6] 习近平．在北京大学师生座谈会上的讲话 [N]. 人民日报．2018-05-03(2).

“95后”辅导员与“00后”大学生相处模式探究

刘东梅　李菊
（重庆城市科技学院　重庆永川　402167）

摘要： 当“95后”新进入校园的年轻辅导员遇上“00后”的大学生，该怎样做好大学生思想政治教育工作的一线“指挥官”呢？应继承中华民族几千年优秀的师者传统努力提升自己的专业素养，同时结合新时代“00后”大学生的性格特点以及新时代社会对大学生的要求，探索一条属于“95后”辅导员的、适用于“00后”大学生的新工作方法。

关键词： 大学生；辅导员；相处模式

当前，“00后”大学生已经成为各大高校的主要群体，同时“95后”思想政治辅导员也开始上岗，那么年轻化、缺乏工作经验的新任辅导员面对具有明显先天优势和独特思想观念的“00后”大学生，该如何开展针对大学生在思想政治等方面的教育、辅导工作，是值得探究的。

一、“00 后”大学生的特点

（一）高度依赖网络，网络化生活娱乐方式渗透明显

“00 后”大学生出生成长在网络技术飞速发展的时期，网络几乎成了大学生生活中的必需品。部分缺少自律的学生，很难做到科学又自律地上网，同时很难辨别网络世界信息的真假好坏，容易被带偏、忘却真实自我；这部分大学生的独立思考能力会随着碎片化信息的输入而逐渐降低，同时他们的知识储备也会出现“碎片化”[1]，进而导致学生们普遍缺少耐心，看待事物注重最后的结果而忽略事物变化的过程；他们更喜欢隐藏在电脑屏幕后面，大胆而自信地发表自己对事件的见解，从点赞、评论以及附和声中寻找自身价值，但面对真实的老师、同学、朋友，却表现得内向沉默。

（二）倾向强调自我，优越物质条件和脆弱的承受能力

良好的物质生活环境和父辈的保驾护航，使更多的“00 后”大学生更加注重自我的存在，且对风险承受能力不高。随着我国改革开放成效越来越显著，更多的“00 后”在城市中出生、成长[2]，作为家庭的独生子女，从小备受长辈呵护，其生活模式多为父母为其规划好各方面的生活，他们在父辈的“大伞”下躲过“风吹雨打”，不用为前途和生活担忧。

同时也造就了一大部分学生在进入新的环境后，依旧以自己为中心，追求个性化，难以产生集体意识，不会站在他人的角度去思考问题，缺少奉献和付出精神，进而出现各种寝室矛盾、与同学之间的摩擦。在遇到难以解决的问题时，容易产生挫败感，难以坚持，容易放弃，缺少担当责任意识；在面对学习上的不顺心、家人之间的争吵和生活中的各种压力时，很难自我排解心中的郁闷情绪，长此以往，会出现各种心理问题，如抑郁情绪、焦躁情绪等。

二、“95后”辅导员的工作困境

（一）困于日常事务，职业认知不清晰

刚刚走上岗位的“95后”辅导员，由于工作经验不足，事事需要学习摸索，因此相当长一段时间会在学生的日常事务处理中手忙脚乱，对思想政治教育工作难免力不从心。困于日常事务会让这些辅导员产生“辅导员就是给学生解决问题的”的错觉，而对于一名辅导员来说，首要工作是做学生思想政治教育的引领人，走在事情发生之前，而不是事情发生后解决问题。

（二）工作经验缺乏，专业知识不匹配

高校招聘辅导员要求研究生学历，也就是说，很多“95

后”辅导员刚从高校毕业就需要从学生的身份转为辅导员的身份，从思想政治教育的接受者，变为思想政治教育的引领者。而新任辅导员对这种角色的转变也需要适应时间，并且对于处理各种学生问题毫无头绪和思路，更糟的是也缺乏分析特殊问题的专业知识储备。例如，学生之间的人际关系问题处理、学生出现心理问题怎么辨别和疏导、学生之间闹矛盾甚至出现肢体冲突该怎样去解决和教育学生，等等。没有工作经验和专业知识的新任辅导员只能摸着石头过河，一步一步探索，总结经验，努力去做到从问题本身出发，从单纯地解决问题提升到对学生的思想政治教育的高度上来。

三、探索新时代“95后”辅导员与“00后”大学生的相处之道

（一）凭借年龄优势，做到思想政治教育的潜移默化

“00后”大学生追求个性和自我，难以接受耳提面命式的思想政治教育，因此，“95后”辅导员可以凭借年龄优势或者年轻人之间的一些共同话题，尽量缩小与学生之间的心理距离，在平时的交往中以身作则，在潜移默化中发挥朋辈引领人作用。

（二）增强职业认知与能力，以专业的姿态立于人前

“95后”辅导员除了岗前培训，要针对性地进行理论学习，对自己的岗位有充分的认识，提高自身开展思想政治教育工作的水平。“要给别人半碗水，自己先得有一碗水”，作为思想政治教育引领人，辅导员自己要具有坚定的政治立场和政治信念、优良的政治品质、更高的思想素养和更高的文化素养，才能以身作则去引导学生积极、向上、求知、探索、发展和提高。

（三）创新思想教育工作方法，更好地利用互联网工具

用学生们能接受且有兴趣的新媒体网络渠道，引导学生们正确地发表自己的见解，表达自己的想法，这有利于辅导员更加深入地去了解学生的思想动态。通过网络媒体更加有效地观察学生的动态，判断学生近期的生活状态以及精神状态。当学生出现自己难以调节的负面情绪时，也能及时地掌握并针对性地开展相关的谈心谈话等思想教育工作，此方法能及时帮助学生解决问题，又能让辅导员工作更高效有序。

新时代，越来越多的“95后”辅导员加入了学生工作的队伍，需努力提升自我，以专业的形象出现在学生面前，同时要在“00后”大学生的性格特点基础上，不断探索更加匹配的工作思路和方法，利用“95后”辅导员优势，用年轻人的方式传播思想政治教育的正能量。

参考文献

[1] 张欣 .“00 后”大学生群体特点及教育管理模式探究 [J]. 才智，2019(8)：32.
[2] 贾劲松 . 加强“00 后”大学生理想信念教育研究 [J]. 学周刊，2018(34)：26-27.

新时代大学生个人主义思想现状分析及对策研究

刘芳宏　刘鑫渝

（重庆城市科技学院　重庆永川　402167）

摘要： 随着市场经济的快速发展和改革的不断深化，人民的物质生活水平大幅提升，西方思想大量涌入，越来越多的新时代大学生思想受到了个人主义观念的影响，进而产生了一系列不良现象。从多个角度分析大学生个人主义思想现状，并针对这些现象提出改进的对策方法。

关键词： 大学生；个人主义；现状；对策

青年一代有理想、有本领、有担当，国家就有前途，民族就有希望。但是，随着改革开放的不断深化，对外交流不断深入，西方社会的个人主义思潮也不断影响着新时代大学生的世界观、人生观和价值观。社会和高校必须高度重视这一问题，并进行科学的引导和教育。

一、新时代大学生个人主义思想现状分析

由于受环境因素和个人因素影响，越来越多的大学生出现个人主义思想。环境因素主要包括：社会环境的不良影

响、教育环境的不足和家庭环境的浸染。个人因素包括大学生思想不统一、意志不坚定；社会经验不足，辨别是非能力差；自我控制意识不强；三观不成熟等。主要表现在：

（一）意识淡化，缺乏担当

国家意识、社会意识、集体意识和道德意识淡化。国家意识淡化表现在部分大学生对国家大事漠不关心，对国家形象不主动维护。社会意识淡化表现在部分大学生毫不关心社会热点问题和公共事务，对身边需要帮助的人不会伸出援助之手。集体意识淡化表现为对所在集体的活动和荣誉申请不参与。道德意识淡化表现为道德认同感降低。正是由于这些意识淡化，所以其社会责任感不强，缺乏担当，不乐于奉献。

（二）个人定位失衡，滋生不良主义

一些大学生在处理个人利益与国家、社会、集体利益之间的关系时，其思维和行为方式常常以自我为中心，过度关注个人利益，不惜牺牲集体利益，出现个人定位失衡现象，由此滋生享乐主义、拜金主义、功利主义等不良主义。个人主义滋生的这些不良主义，会造成大学生道德素质下降，同时也影响学习热情，不利于良好校风的形成。

（三）理想信仰缺失，消极对待

个人主义思想极大地冲击了我国所提倡的正确的思想道德观。受个人主义思想的影响，新时代大学生容易盲目信仰西方文化，缺乏坚定的理想信仰和政治立场。一方面，他们对现实不满，抱怨学习、生活、工作；另一方面，他们又不愿意付出努力去改变现状，只能满足当下，为自己的不努力找各种理由和借口来自我安慰，消极地看待学习和生活，迷失方向。如近几年在大学生群体中盛行的“佛系”“躺平”“摆烂”等思想。

二、新时代大学生个人主义思想对策研究

（一）全方位营造育人环境

1. 营造和谐的家庭环境

家庭是孩子最早接触的育人环境，父母是孩子的第一任老师。和谐的家庭环境影响着孩子一生，父母除了给孩子提供良好的物质条件和生活空间，更重要的是以说教和以身作则的方式对子女的基本行为规范、生活常识、生活经验、世界观、人生观和价值观等进行教育、引导和熏陶。

2. 营造健康的校园环境

健康良好的大学校园不但有利于学生的学习和成长，更有利于学生的价值观和个人素养的形成。大学里，可以通过

思政课程和课程思政给学生树立正确的三观，辅导员也要对学生进行思想理论教育和价值引领。除了教师的引导，朋辈教育也十分重要，班委、群团组织、中共党员中表现突出的学生都可以起先锋模范和榜样示范作用。

3. 营造良好的社会环境

在经济社会高速发展的今天，社会中的一些不良风气和负面思想会直接影响新时代大学生的价值观。为了营造良好的社会氛围，国家、社会和公民必须全力推进精神文明建设，加大社会主义核心价值观的宣传。

（二）多层次强化思政教育

1. 重视课堂教育

大学生要学习多门课程，包括思政课和非思政课，不管是哪门课程，任课老师都要将学生的思想政治教育融入课程中去，其中思政课更是重中之重。提高大学生的思想政治意识，树立正确的道德标准和道德观念。

2. 加强集体教育

大学生大多是独生子女，受成长环境影响，他们从小就是家庭的中心，学习成绩优异的学生，还是老师心中的宝贝，他们缺少集体生活的经验和团队意识，而团队协作在今后的学习、生活、工作中起着重要的作用。因此要加强大学生的集体主义教育，培养团队意识，增强责任感和主人翁意识。

3. 强化“四心”教育

“四心”教育即责任心、同情心、爱心、同理心教育。如果缺乏责任心，很容易形成以自我为中心的个人主义思想；缺少同情心和爱心的学生只会考虑自己的感受和需求，自私自利；没有同理心的学生不会顾及他人的感受。因此要强化“四心”教育，让学生学会关心他人、关心集体、关心社会、关心国家，在交往中顾及他人感受。

（三）立体化丰富教育形式

1. 推进校园文化建设

建立规范学生手册，降低学生试错成本。狠抓校风、教风、学风建设，帮助学生树立人生目标，做好职业规划。抓好课堂教育，弘扬中华民族传统美德，如抗疫精神、抗洪精神、雷锋精神等中国精神。用时代楷模、共和国勋章获得者引领学生价值观。大力表彰优秀的教职工和学生，如争先创优、重庆市先进推送、五四评优、七一表彰等。

2. 网络媒体正确引导

相关主管部门应加强网络监管，减少各种媒体传播的低俗、博眼球等负面信息的引导，以学生喜闻乐见的方式，如抖音、小红书、微博、微信公众号、官网、广播等，高扬时代主旋律，确保大众传媒的正确价值观的引领。

3. 丰富校园、实践活动

大力组织开展形式多样、内容丰富的校园活动和实习实践活动，吸引学生广泛参与，在活动中彰显社会主义核心价值观，传播正能量，让学生感受服务他人、帮助他人的成就感和获得感，从而潜移默化地熏陶他们的三观，提升综合素质。如各级组织举办的校内外比赛、志愿者服务活动、三下乡活动等。

三、结语

新时代大学生的个人主义思想不是一朝一夕形成的，纠正这一不良风气也不能一蹴而就，需要家庭、学校、社会的共同配合，针对性地采取行之有效的对策，最终形成一个全方位育人环境。在习近平新时代中国特色社会主义思想的引领下，新时代大学生应该关心国家、关心社会，积极践行社会主义核心价值观，为实现第二个百年奋斗目标贡献自己的力量。

新时代背景下优化高校思想政治教育路径微探

刘鑫渝　刘芳宏

（重庆城市科技学院　重庆永川　402167）

摘要：时代下高校思想政治教育是以引领学生坚定正确的政治方向，造就适应时代需要的创新型人才为首要任务。在新时代大学生的日常教育中把握方向性、注重基础性、强调科学性是新时代高校思想政治教育的基本思想。作为思政教育的辅导员应通过建立科学、严密、健全、有效的管理机制，构建完善的思政教育体系，为学生提供更有质量的教育。对此，作为高校辅导员队伍的一员，本人立足当下，结合实际情况对优化高校思想政治教育的有效路径进行了浅析。

关键词：高校；思想政治教育；机制体系

当今时代作为大学思想政治管理者的辅导员在大学校园起着十分重要的作用，是学生工作思想教育的重要攻坚队伍，其初心使命、责任义务、角色转换均为立德树人打下坚实基础。作为思想政治教育的引领者，我们必须为学生“扣好人生第一粒扣子”，做到“曾经为学生，现在为学生”的工作理念，结合“00 后”大学生学习生活实际情况紧跟时代科技发展步伐，以新形式、新方法、新理念，不断更新工作方法，提升工作效率。根据当下学生的行为认知世界，理清学生成长成才的发展路径，培养学生的兴趣爱好，增强学生的思想道德修养和规范学生的文明行为，做新时代大学生人生道路的领路人、学习生涯的指路人，为学生迈入新时代社会奠定坚实的基础。

一、坚持立德树人，做学生思想上的引路人

高校人才综合素质教育肩负着培育时代新人的使命，是立德树人培育社会精英的摇篮，作为高校思想政治教育工作者的辅导员在贯穿立德树人培养的大环境下发挥着无可替代的作用。在学习上辅导员要努力做好学生的引路者，在生活中辅导员又要融入他们的内心世界做一个无话不讲的知心朋友。在开展学生工作的过程中，这不是简单的工作话术，而是学工人一直秉承坚守的原则与信念。以什么样的方式迎合学生的“口味”进行思想政治教育，做到学习上传道授业解惑，生活上倾听诉说趣闻，职业规划上点灯指引方向。如何使新时代高校思想政治教育工作做到全方位、全覆盖、无死角、无漏缺，更是如今我们思想政治教育工作者应该思考与探索的话题。

在日常班级管理中应做到：重思想、重过程、重效率、重对象。深入课堂寝室，做好常规管理；深入学生群体，关

注身心健康。一方面，当今“00后”普遍具有积极乐观、活跃健康的心理特征，他们出生的时代与生活的环境赋予他们新潮的思想与多重的性格，让他们有了一定的创新意识和自信心理。另一方面，这种新潮的思想与多重的性格又影响了他们看待事物的全面性以及带来自我意识的负面影响。当今部分“00后”学生在认知层面很容易停留在主观感性上，总会把自己的主观思想强加于问题之中，难以透过现象去看问题本质。基于这类现象，作为大学思想政治教育者，社会环境引领者的辅导员就要通过形式多样的班级会议进行讲解并解决。例如，用主题班会、现身说法、案例分析、分组辩论等形式对大学生进行思想政治教育。通过学生自述与他诉、谈心谈话、深入课堂、深入寝室，了解学生实时状况，掌握学生当下阶段问题，及时进行解决，并通过有效的方式进行教育教导。引导学生以发展的眼光看待问题，多角度视角思考问题，通过亲身参与社会实践体验了解当今社会所需求的人才，以什么样的方式融入社会，锻炼自我，做社会有用的人才。将思想政治教育做到全方位覆盖，精准帮扶学生、关注学生，做到有学生的地方就有思想政治教育。

辅导员老师应在课上课下做到增强学生的爱国爱党情怀教育，用榜样引领学生。晓之以理、动之以情，于细小甚微之处均展现思政教育的工作痕迹。用“大仁、大度、大气”之胸怀引导学生“扣好人生的第一粒扣子”，以德才兼备、全面发展为培养理念，为学生迈出社会打下坚实的基础。让学生成为对社会有用、可用、要用的综合素质人才。

二、牢记五全育人，做学生学业上的领航人

《国家中长期教育改革和发展规划纲要（2010—2020年）》的战略主题明确提出，对大学生思想政治教育要提出新举措，运用新方式，得到新成就。把针对性和实效性贯穿整个思政教育。因此，“立德树人”就是第一要务，因材施教就是具体举措，全面发展就是最终结果。充分尊重学生个体的差异性与独特性，科学理论指导学生全面发展，是当下我们思想政治教育者需要认真探索与实践的重要环节。学校落实立德树人的前提是依托思想政治教育者对学生学习、生活、工作等开展实际教育活动。深入学生、掌握学生、了解学生是工作的重要前提。与学生交流要分人、对事、注感情，用载体、抓机会、得效果。做好活动开展记录，结合实际情况，定期进行回访摸排。用爱心、耐心、细心、关心四心让学生感受到关怀。设身处地想学生所想，排学生所难，化学生所忧。

三、落实家校合作，做学生成长上的掌舵人

在学生成长教育过程中，家校配合是促进学生成才的中坚力量。在思想政治教育工作中，辅导员要学会利用家校配

合教育平台，充分发挥家长的角色，合理引导家长在学生成长成才过程中的合作关系。针对初入大学殿堂的学生，在环境不适应、沟通有困难、交流有障碍的情况下，作为思想政治教育者的我们更应该注重与家长进行家校联合教育沟通、紧密合作，共同努力助力学生角色的转变。通过家校沟通，加强家长与学校的联系，家长与老师的联系，实时了解学生在校的学习状况，掌握学生学习环境、成长动态。通过家校配合，能够精准掌握学生家庭情况，了解学生家庭关系，协调学生与家长的矛盾，弘扬宣传正能量，转变家庭教育观念，倾听家长对学生的情况反馈，避免学生产生心理问题。实现出现问题从源头阻断，及时有效地进行调节，针对性开展思想政治教育工作。

高校思想政治教育工作是一个良心工作，是一个费心工作。在工作中时刻会体现这个职业的挑战性与担当性。作为高校思想政治教育者，我们一定要秉承“一切为了学生，为了一切学生”的初心使命，牢记“立德树人”的根本任务，在学生的成长路上做好指路者、引路人，以实现学生的全面发展，让学生成长为有正确三观的新时代接班人。

参考文献

[1] 张烁．坚持中国特色社会主义教育发展道路　培养德智体美劳全面发展的社会主义建设者和接班人 [N]. 人民日报．

［2］黄河林．高校辅导员思想政治教育工作实效性分析 [J]. 西部素质教育，2016.
［3］冯程伟．新时期大学生思想政治教育实效性研究 [D]. 河北大学，2010.
［4］蔡志强．寻求思想政治工作实效性的理论逻辑——兼议思想政治工作实效性的内涵 [J]. 思想政治工作研究，2008.
［5］范广丽．当代大学生思想政治教育工作实效性的思考 [J]. 淮海工学院学报（社会科学版），2011(6)：10–11.
［6］刘京．探讨新媒体视域下高校辅导员网络思政工作中存在的问题及对策 [J]. 智库时代，2019(36)：42–43.
［7］蒋珊珊．新媒体时代高校辅导员思想政治工作有效性提升策略研究——以宁波高校为例 [J]. 新闻研究导刊，2019(15).

新时代“三全育人”理念下高校辅导员思政教育工作优化路径探析

彭丽　周文

（重庆城市科技学院　重庆永川　402167）

摘要： 青年兴则国家兴，青年强则国家强。习近平总书记强调，要坚定不移地将立德树人放在工作重心的地位，以牢固的理想信念当作思想基础，将思想政治工作落实到教育教学的各个环节，进而实现全员育人、全程育人和全方位育人的奋斗目标，努力开辟中国高等教育方面的新篇章。高校辅导员是大学生思政教育的骨干力量，作为学生日常最亲密的人，辅导员的职业素养与专业能力对高校人才培养质量产生重大影响。辅导员在开展高校思政教育工作需坚持问题导向与目标导向原则，充分认识自身的不足，总结经验教训，为全面贯彻党的教育方针，落实立德树人根本任务，培养德智体美劳全面发展的社会主义建设者和接班人不懈努力。

关键词： 三全育人；高校辅导员；思政教育

一、“三全育人”理念内涵

2017 年 2 月，中共中央、国务院印发了《关于加强和改进新形势下高校思想政治工作的意见》，要求把社会主义核心价值观贯穿到教育教学的整个过程和各个环节，落实“立德树人”根本任务，坚持全员、全过程、全方位育人，简称“三全育人”。

“三全育人”理念需贯穿到高校思政教育的全过程。全员育人是对育人主体作出要求，高校学生的教育不仅限于学校，家庭和社会同样承担着对学生的教育责任，学校教育主体包括党政干部、教师、辅导员及行政工作者都应当将育人要求落实到具体工作岗位中，家庭和社会同样应当树立起育人的意识和责任，多方努力以形成育人的合力。全程育人是对育人时间作出要求，学生思政教育不止于在校学习期间，还包括入学前和毕业后。全方位育人是对育人空间的要求，高校思政教育应当贯穿学生教育教学、社会实践、日常管理之中，随着网络科技时代的到来，要求学校在做好线下理论教学的同时应当利用好网络教学方式。

二、高校辅导员思政教育工作存在的问题

教育部43号令中对辅导员工作要求、主要职责、选聘及考核方式等做出了规定，明确辅导员是开展大学生思政教育的骨干力量，是高校思政教育及日常管理工作的组织者、实施者和指导者。辅导员应当不断提升自身的专业性和职业性，严于律己、学以修身，成为大学生的人生导师和知心朋友。实践中，高校辅导员在工作中主要存在以下问题。

1. 未形成教育合力

辅导员在学校的育人工作及学生个人成长过程中主要扮演着辅助角色，其在日常工作中主要侧重于学校的各项规定制度或者通知要求的传达，忽略了来自学生家庭的共同教育。多数时候只有在学生出现紧急情况时才会想起联系家长，这通常也导致家长逃避教育责任，认为学生到校之后一切职责都应当由学校承担。

2. 工作重心偏移

教育部43号令中规定辅导员主要有九大工作职责，但是实践中辅导员工作重心主要集中在学生日常事务、党团班级建设两大职责上，而对学生思想、心理健康以及就业创业指导方面不够重视，不利于学生德智体美劳全面发展以及综合素质的提高。尤其因疫情的影响，辅导员大部分时间都在进行防疫宣传和数据填报，与学生沟通交流的时间减少。

3. 流动性大

高等学校辅导员普遍存在流动性大的问题，其原因一方面是工作本身性质，另一方面是个人职业规划，这对学生成长而言都是不利的。做好辅导员工作的基础在于对每个学生的基本信息、爱好特长、性格特点、职业规划等有清晰的认识，如果是临时接任的班级，就无法对学生做出针对性的指导，学生也会产生一定逆反情绪。

三、辅导员思政教育工作优化路径

1. 协调各方，形成教育合力

辅导员日常事务的处理方式主要是上传下达，是学生与学校各职能部门的桥梁和纽带，学生入校前的迎新安排，在校期间与学校党政领导、教师和行政老师的工作对接以及毕业之后实习就业工作的指导安排，这些都需要通过辅导员来辅助学生完成。因此辅导员在日常工作中要对学校的各职能部门的地点、对接人及其联系方式、具体职责了然于心，提高工作效率。此外辅导员还需要与学生家长建立紧密联系，认真听取家长给出的建议，并将学生在校期间的活动情况反馈给家长，家校联合，共同培育出社会主义事业的建设者和接班人。

2. 合理规划时间，明确工作重点

教育部 43 号令中规定的辅导员九大工作职责，都是辅导员在日常教育与管理学生中应当切实履行的，是开展思政教育、提升学生综合素质的重要工作，不能顾此失彼甚至有意不开展。因此辅导员应当充分利用好工作时间，对每个学期应当开展的工作做出明确的计划，每个阶段的任务都需高度重视，确保工作完成的质量与时效性。这样即使遭遇突发紧急情况，也能够从容应对。

3. 定位清晰，提高职业认同感

在高校工作是很多人都憧憬的，尤其是这两年因为疫情影响，有一份稳定工作显得尤为重要，因此有很多应届生对辅导员工作内容及职责并不了解就开始从事这份职业，接触一段时间后就毅然选择逃离，这不仅浪费自己时间，也是对学生的不负责任。辅导员工作本身事情多、任务重，需要具备足够的耐心和较强的责任心，因此在选择这份职业前应当慎重考虑，一旦认定这份工作，就应当在岗位上坚守、深耕，做出一份值得肯定的成绩，也是对这份职业的尊重。同时你在学生身上所付出的心血，他日学生通过另一种形式回报给社会，辅导员工作的价值才得以完整体现。

参考文献

[1] 梁伟，马俊，梅旭成．高校“三全育人”理念的内涵与实践[J]. 学校党建与思想教育，2020(2)：36–38.

[2] 聂靖．“三全育人”视角下高校辅导员角色定位及履职路径 [J]. 高校辅导员学刊，2018(1).

[3] 征春秀．高校辅导员职业流动的行动逻辑——基于 2012 年至 2016 年 E 高校辅导员职业流动数据的分析 [J]. 思想理论教育，2018(3)：90–94.

[4] 全程全方位人才培养体系研究与实践项目组主编．精致设计，创建体系——全程全方位人才培养体系的研究与实践 [M]. 北京：北京邮电大学出版社，2016.

[5] 张亚丹．大学生思想政治教育价值论 [M]. 北京：人民出版社，2017.

发挥“大思政”培根铸魂作用 创新立德树人实践路径

彭年秀

（重庆城市科技学院　重庆永川　402167）

摘要：本文探讨了“大思政”育人过程中的问题，包括思政课程的思想性与亲和力同向性不强、思政课的感染力和活力不足、思政课未形成合力。为发挥“大思政”培根铸魂的作用，创新立德树人实践路径，本文提出了三点建议：一是谋划“大思政”资源布局，构建新时代育人合力；二是深化教育性基础认知，实现课程思政同向同行；三是以“大课堂”“大平台”“大师资”为基础，确立立德树人实践指引。通过这些措施，全面推进“大思政课”建设，培养堪当民族复兴重任的时代新人。

关键词：大思政；立德树人；高等教育

教育资源大思政作为以“立德树人”为教育的根本任务，以构建全员、全程、全课程育人格局的综合教育理念，倡导人人皆可成为思政教育的参与者，时时处处事事都有思政教育的契机，在实际开展这项教育工作过程中仍旧遇到了诸多的问题和挑战。本文主要探讨“大思政”育人过程中的部分问题及应对策略。

一、“大思政”育人过程中的问题

（一）思政课程的思想性与亲和力同向性不强，理论性和亲和力融合度不高

“安安静静、俯首帖耳”是很多思政课堂的现状。然而要给予学生向上向善的力量，就要重视课堂体验，而非传统的经验，增强学生的参与度、体验感和收获感。把马克思主义理论变成学生能懂、能用的理论，使学生对思政课教学内容不仅能背下来，还能用起来，对思政课程真正理解与强烈认同。

（二）思政课的感染力和活力不足

“枯燥、教条、乏味”是思政课程的高频标签，分数和成绩成了学生学习思政课的最原始动机，如何让思政课兼顾“有意义”和“有意思”成为思政教育工作者的必修课，让学生认识到思政课不仅是学生应学的“分内课”，还是有趣又有用的课，既让讲授的思想入学生的脑，更让思政课的魅力入学生心，让思政课理论和方法论持续在学生的学习工作中产生正向作用，让学生学会成长，做到因事而化、因时而进、因势而新。

（三）思政课未形成合力

“大思政课”内容体系、施教体系、保障体系等目前部

分是孤立的、单薄的，专业课程思政教育与公共基础课程的思想政治教育的衔接断层，人才培养的顶层设计、教学组织、资源调配、服务保障等协同力度也亟须加强，确保“大思政课”具有体系化的支撑。

二、发挥“大思政”培根铸魂作用，创新立德树人实践路径

（一）谋划“大思政”资源布局，构建新时代育人合力

明晰“大思政课”资源之间的逻辑关系是有效组合资源并得以高效运用的前提。可遵从如下路径：一是以“大思政课”可转化的教育资源内容为基点探索多样资源之间的逻辑关系。二是以“大思政课”可转化的教育资源性质为基点探索多样资源之间的逻辑关系。“大思政课”开发、转化与利用教育资源既面临对正能量资源的传播与利用，也面临对负能量的批判，因此需要坚持辩证的思维方式来合理地掌握不同性质之间教育资源的逻辑关系。

（二）深化教育性基础认知，实现课程思政同向同行

“大思政课”的实质是要加强思政课建设，依然具有政治性与教育性。在秉持政治性的基础上，从教育性出发，推

进“大思政课”教育资源转化的同质性与多样性的有机统一则成为用好用活教育资源的重要遵循。“教育性”为基础推进“大思政课”教育资源转化的同质性与多样性的有机统一应围绕立德树人根本任务展开。

（三）以“大课堂”“大平台”“大师资”为基础，确立立德树人实践指引

建设“大课堂”，拓展全面推进“大思政课”建设的阵地资源。“大课堂”是“大思政课”建设的重要载体。建设“大课堂”要结合思政小课堂和社会大课堂。社会也是一所学校，要善用社会大课堂。要让大学生走到社会生活中，紧密联系现实生活，把思政课开在田间地头，开在志愿服务、社会调研的现场，开在博物馆、纪念馆等“大思政课”实践教学基地，在实践育人过程中推进大学生的思想价值引领和家国情怀教育。

搭建“大平台”，丰富全面推进“大思政课”建设的育人元素。“大平台”是“大思政课”建设的重要抓手。通过建设全国学校思政课教研系统，推进国家智慧教育平台建设与使用，打造网络教育宣传云平台等渠道搭建大资源平台，为“大思政课”建设提供强力支撑。大力推进思政课数字化建设，利用数字化技术聚合资源，打造全方位、立体化的思政教学资源库，为教师教学提供教学素材等海量资源。充分发挥信息技术作用，开发在线示范课程库，建立媒体宣传

矩阵，打造“云上大思政课”平台，为大学生构建一个网络化、可视化、便捷化的“大思政课”学习平台。

建好“大师资”，筑牢全面推进“大思政课”建设的发展根基。“大师资”是“大思政课”建设的重要保障。办好思想政治理论课关键在教师，要发挥教师的积极性、主动性、创造性。要通过内部挖潜外部引援，打造专兼结合的“大思政课”师资队伍。既要建设一支有力的思政课教师队伍，加强专业课课程思政能力，发挥专业课教师的课程思政功能，也要积极吸纳老同志、先进模范等加入思政课兼职教师队伍中。要搭建“大师资”队伍研究平台，加强马克思主义理论和思政课教学研究。要提升“大师资”队伍综合能力，做好“大思政课”师资队伍培训工作，思政元素的挖掘、融入不能是简单生硬的插入，而是要发挥教师的主观能动性和创造性，以润物无声的方式有机融入。新时代“大思政课”教师既要是“经师”，也要是“人师”，要做“经师”和“人师”的统一者。

全面推进“大思政课”建设是新时代落实立德树人根本任务的重要举措，要在《全面推进“大思政课”建设的工作方案》的指引下深化机制体制改革，创新立德树人体系建设，采取有效措施建设“大课堂、大平台、大师资”，打造“大思政课”金课，培养堪当民族复兴重任的时代新人。

基于“门坎效应”的民办高校基层学生管理创新研究

唐继龙　周政霖

（重庆城市科技学院　重庆永川　402167）

摘要：民办普通本科院校基层学生管理存在明显问题，纵观近年民办普通本科院校基层学生管理工作存在问题可归纳为基层管理者管理观念陈旧，思想滞后；管理较脱离实际，过于强调服务意识，淡化管理育人功能；基层学生管理机构设置不够合理。针对以上问题，通过合理运用“门坎效应”建立学生管理工作目标层次模型，以管理育人为宗旨，以提升学生能力培养作为民办普通本科院校学生管理的落脚点，量化进入学生管理工作系统中，探索学生实现自我管理新途径、新思路，达到管理育人终极目标。

关键词：门坎效应；民办高校；基层学生管理

党的二十大报告指出：“培养什么人、怎样培养人、为谁培养人是教育的根本问题”。民办高等教育作为中国高等教育的重要组成部分，同样肩负着为国家未来发展培养具有中国特色社会主义事业的合格建设者和可靠接班人的重要使命。随着当前经济社会发展走向深入，民办高等教育在我国高等教育序列中承担的社会责任越来越重要，这也预示着民办高等教育的发展最佳时期已经到来。党的二十大报告指出要“引导规范民办教育发展”。《民办教育促进法实施条例》明确指出，各级人民政府应当依法支持和规范社会力量举办民办教育。明确了我国民办高等教育的发展方向和规划，为民办高等教育的科学发展注入了发展动力和指导方向。学生管理工作作为高等教育的重要组成部分，如何同步促进民办高等教育高质量跨越式发展，这是当前民办高校基层学生管理工作首当其冲的重任。

一、目前民办高校基层学生管理工作存在的问题

（一）民办高校基层学生管理工作观念陈旧，思想滞后

学生管理工作者要有先进的管理理念，特别注重“以人为本”、“教育、管理、服务”相融合、“科学性与层次性”相结合。然而现有的管理理念与当代大学生的特点严重脱节，长期以来，我国高等教育照搬苏联的模式，应用的是经验式的行政管理，管理观念过于传统。随着外部环境的冲击，忽略了地区差异、家庭差异和个体差异，原有的管理理念已不能满足当代大学生自身发展的需求。

现实工作中，学生管理工作者整天围绕“事务”来管理，以不出事、少出事为目标，不能为学生自身的发展提供

良好的可创造性的环境，长此以往给学生的成长带来不利影响。在绝大多数民办高校里，学生管理工作没能随社会及民办高校发展实现相应的变化，也没有形成具有学校特色的、系统科学的学生管理体系，很多民办高校辅导员工作还延续在采取“严管”“全管”等保姆式管理方式，未能充分调动学生的“主体地位”和“个性化发展”，不能调动学生的参与性和个性发展的创造性，也阻碍了管理者与被管理者之间的良性互动。因此，管理观念陈旧、思想滞后，管理效果不尽如人意，创新理念较弱是当前民办高校学生管理工作的现状。

（二）民办高校基层学生管理脱离实际，过于强调服务意识

目前，在民办高校学生管理工作中，对学生的引导教育和思想政治教育较弱，缺乏对学生个体的深入调研、摸底，导致很多管理措施脱离学生需求和实际现实问题，忽视了管理育人的初衷，忽视了科学合理的长远管理制度的建设，缺乏科学系统的研究处理，忽视了科学管理，造成一定的不良影响。

随着高等教育的快速发展，社会越来越重视高质量人才的培养要求，民办高校作为高等教育的重要组成部分，其服务学生的意识、功能也在被不断强化。但是，这恰恰导致了很多民办高校学生管理者在对自身的角色定位中更突出管

理者角色，而忽视对学生的教育和服务功能的根本，主要表现在注重用严格的规章制度来“管”学生，缺乏对学生的学习、生活、思想、心理、行为习惯等个体成长需求进行细致的服务和耐心的指导和引导。

（三）民办高校基层学生管理机构设置不够合理

基层学生管理工作必须依照一定的体制来进行，它反映了学校学生管理的概貌。学生管理工作的重心在各二级学院，各二级学院设有分管学生工作的党总支（副）书记，党总支（副）书记更多的是全盘把控教职工及学生的思想政治教育和引领，但是不能够细化到学生细节培养上的指导，应该相应的设置学生管理工作主任主抓学生日常管理及思想教育工作，再下设辅导员，以专业班级为单位对学生进行管理。目前，高校的学生管理工作基本沿用的是校、学院、专业班级的直线管理模式，辅导员在学院党总支（副）书记的领导下开展工作，学生管理工作重担集中落于辅导员身上（如图 1 所示）。然而，辅导员这支年轻的队伍不稳定、职业化不够，很难全面细致地处理好琐碎的学生事务，有人认为学生管理工作就是辅导员的事情，学生管理的好坏取决于辅导员。

辅导员工作走职业化道路是必然的趋势，但必须有支撑其走职业化道路的规章制度及机构设置，辅导员需要不断地进步，需要有专业人员的指导，而不是天天围绕领导安排事

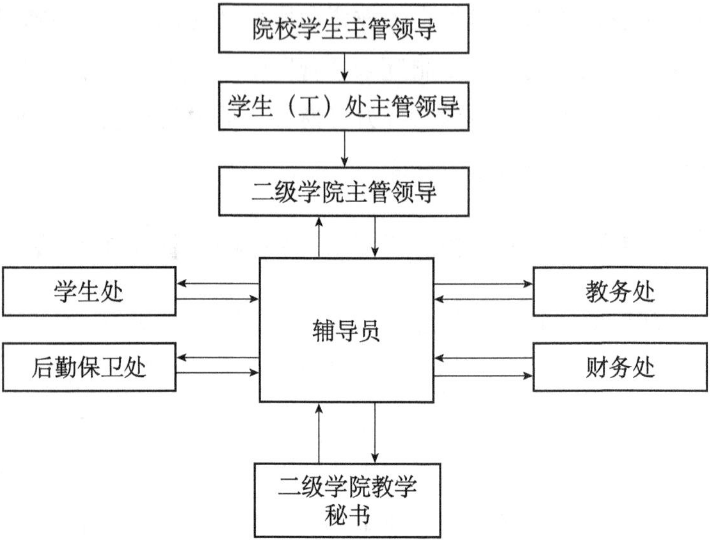

图 1　民办高校学生管理工作流程

务团团转。此外，教育部要求高校设专职辅导员比例不低于 1：200，就现在的管理模式，预计将来会增大这一比例。

二、“门坎效应”在民办高校基层学生管理中的创新运用

“门坎效应”是美国社会心理学家弗里德曼与弗雷瑟基于“无压力屈从——登门坎技术”现场实验研究而提出的。“门坎效应”指的是一个人接受低层次的要求后，适当引导，往往会逐步接受更高层次的要求。学生管理工作是一个

复杂的系统，学生自身的差异性决定了实施目标层次管理的可行性。这需要密切结合管理工作的具体内容，对管理系统熟知，在调研学生情况的基础上实施，以学生能力培养作为民办高校学生管理的落脚点。学生管理工作中运用“门坎效应”实施有以下几个重要步骤：

（1）建立学生能力自测、他测体系。

（2）组建管理小组，运用“共生效应”发挥优等生带头作用，建立互帮互助的“共生圈”。

（3）根据学生实际情况，运用“门坎效应”制定合适的管理目标（如图 2 所示）。

（4）注意目标的合理性、层次性和具体性。

（5）学生管理者要积极参与到管理系统中。

（6）设置导师制，导师根据层次模型对学生自我目标实现情况进行测评。

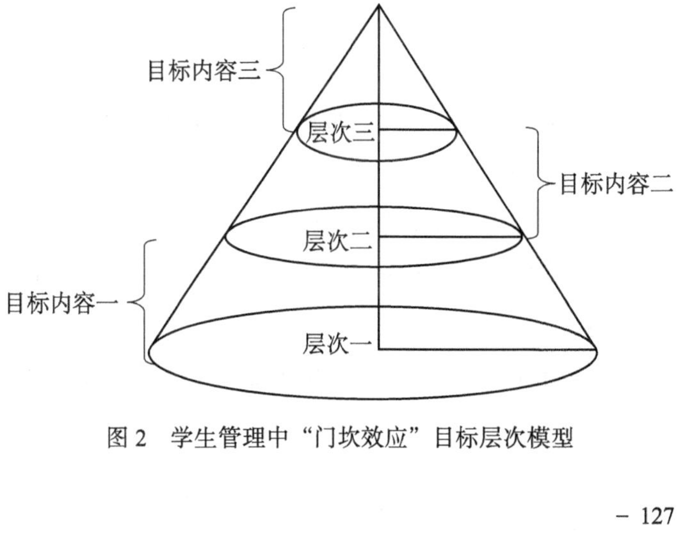

图 2　学生管理中“门坎效应”目标层次模型

具体实施过程如下：

1. 设计《大学生能力提高目标模型》计划书

班级同学在辅导员老师的指导下完成《大学生能力提高目标模型》的设计，内容主要包括自身基本素质和个人能力两大部分，基本素质包括思想道德素质、身体素质、人文素质、专业素质、专业技能素质等；个人能力包括文字及语言表达能力、组织协调管理能力、人际交往能力、适应能力、创新思维能力等。

第一步，独立完成《大学生能力提高目标模型》并明确以下几点：计划书中自己各项的现有水平，具体处于“门坎效应”目标层次模型哪个层次、规划时间内要达到的目标、实现目标的途径及方法、面临的主要阻力和困难、如何克服困难等。

（1）计划书中的各项内容都要切实依据个人现实情况及所要达到目标进行细致的量化，比如个人的文字语言能力共设置 5 个级别分别用数字代替，1 代表不好，2 代表一般，3 代表较好，4 代表好，5 代表很好，整个评价过程经过自评和他评两部分。

（2）规划书中注重长期、中期、短期目标相结合，长期目标设定为大学四年，中期目标设定为一学年，短期目标设定为一学期。

（3）设计实现目标的途径和方法应注意遵守以下事项：①途径方法应具有实际操作性并以遵守学校各项规章制度为

前提。②必须正常参加学校、学院、班级的各项集体活动。③不得影响其他同学的正常生活和学习。

第二步，初步完成《大学生能力提高目标模型》之后，以寝室为单位，寝室同学之间讨论其客观性及可行性，修改后将目标任务书提交到班级规划小组。其中规划小组以班委牵头组织，其主要职责是：①收集同学们的目标任务书并进行再次审查。②向辅导员及指导老师提交所有目标任务书。③参与各目标期末对每个同学的实现目标进行测评。④对每次测评的结果进行汇总反馈。

第三步，辅导员以及指导老师就每个学生的计划书各项内容的客观性及可行性进行最后的把关，并及时提出相应的意见，再次修改完成后，一式三份，学生本人一份，规划小组一份，辅导员签字归档保存一份。

2. 自查与同学纠正

第一步，每月进行一次自查和同学之间的测评。学生根据自己的短期目标进行相应的对照，对执行的情况进行自评，自评仍然是以寝室为单位进行同学之间的互评，并提出相应的改进措施。其中评定过程中必须有 1～2 名规划小组的成员参加（且不是该寝室成员），自评的结果及提出的意见由寝室长交至班级规划小组保存。

第二步，通过每月的自评和寝室讨论，每位同学可根据目标的实现情况，向规划小组申请修改计划书，修改前必须与辅导员和指导老师进行沟通交流并得到允许之后，方可进行修改且每学期修改不超过2次。

3. 辅导员、指导教师审阅及指导

辅导员及指导老师认真阅读学生每学期的自评和目标达成测评结果，根据现实情况有针对性地开展个别谈话以及就共性问题召开相应的主题讨论会，之后每位同学以书面形式总结短期目标实现情况、没实现的主要原因及下一步计划。坚持分层考核办法，分层评价的原则。

以上是将“门坎效应”具体运用到学生管理中的过程，要求教师所制定目标与学生自治目标统一。考虑学生的心理发展水平和学生的心理承受能力，根据不同素质、不同能力层次的学生的基础与表现，制定不同层次的、具体的目标，使学生经过努力能够达到，从而使每个学生都能获得成功的喜悦。实施过程中正确运用期望效应，实施期望教育，可以最大限度地发挥激励作用，特别是对于自身能力力不从心的学生来说，意义将更加重大。教师对学生的期望值不能太高也不能太低，太高往往导致学生沮丧，丧失信心；太低又会引起学生厌学，丧失兴趣。充分考虑学生差异的基础上，依据个人具体情况制订不同层次的发展目标，设计和实施不同层次的方案，有针对性地加强对不同类型学生的引导，从而实现期望教育的目标。

三、结语

党的二十大报告指出，教育、科技、人才是全面建设社会主义现代化国家的基础性、战略性支撑，要把我国建设成为教育强国，办好人民满意的教育。培养更加高质量的人才是当前增加“合适的”劳动力的重要举措，要培养更多的市场需要的高素质应用型人才，这也是民办高等教育的使命之一。民办高等教育是培养应用型人才的重要支柱。但是事实上我们的大学生到底能不能胜任，道路且漫长！

大学是大学生自我养成最关键的时期，学生管理工作者引导的效果将对其产生深远影响，梳理目前民办院校学生管理工作者存在的问题，针对性地运用“门坎效应”，建立学生能力层次目标模型，督促其形成自我管理意识，帮助学生更好地完成学业提升能力；同时提高学生管理工作的效率，实现学生管理的程序化，促使学生管理工作踏上新台阶。

参考文献

[1] 董刚．职业教育发展的潜力与阻力 [N]. 光明日报，2022-03-30.
[2] 蒋家琼．我国民办高等教育结构的现状分析 [J]. 人民论坛，2022(6): 70-73.
[3] 邓己红．高职院校学生自治研究 [J]. 广西大学，2012.

“劳动＋专业”视域下商科大学生“三下乡”社会实践路径研究——以永川茶竹村为例

万能　龚宇梦

（重庆城市科技学院　重庆永川　402167）

摘要：高校响应党的号召，组织大学生参与“三下乡”社会实践活动，既可丰富思想政治教育实践阵地，开启劳动育人模式，又可有效践行乡村基层服务。现以商科院校为背景，通过发挥经济管理类专业优势，提升活动开展的社会价值，探索大学生“三下乡”社会实践活动的有效途径，最终落实活动的“劳动＋专业”育人功能，助力乡村振兴。

关键词：“劳动＋专业”；商科高校；大学生“三下乡”；社会实践；路径

习近平总书记在党的二十大报告中，要加快构建新发展格局，着力推动高质量发展中，再次强调了全面推进乡村振兴战略[1]。大学生“三下乡”社会实践是时代发展的必然要求，它是一项以农村基层为服务对象，以高校作为依托，将大学生群体当作实践主体，突出大学生结合自身专业知识，实现劳动教育淬炼，推进学生全面发展，践行打造大学生“第二课堂”的活动。高校劳动实践与专业教育相结合，既是新时代大学生“五位一体”全面发展的必要途径，也是通过实践检验专业知识，提高教学效果的重要方式。高等商科院校作为培养商科专业人才的摇篮，通过“三下乡”实践平台探索构建“劳动＋专业”的融合模式，引导提高商科大学生思想政治素质，专业上学以致用、行动上提升劳动能力，是当前高等商科院校所要关注的一个方向。

一、研究对象背景

1. 永川茶竹村发展背景

永川区茶山竹海街道茶竹村位于国家4A级景区茶山竹海国家森林公园内，茶竹村面积17平方千米，耕地1104亩，林地13370亩。茶竹村下辖9个村民小组，村内15公里组组通乡路连接9个小组。茶竹村依托景区优势和2万余亩茶竹资源，在乡村振兴发展大背景下，鼓励大力发展水果、茶、笋、竹荪、竹燕窝、竹饵等纯天然、绿色有机的珍稀山货，壮大集体经济，促农增收。全村共有520户，户籍人口1477人，40岁以上的户籍人口811人。青壮年人口大部分外出打工上班，村内常住人口362人，年龄结构为50岁以上居多。劳动力匮乏明显，劳动者知识结构与生产力需求和社会发展存在较明显差距。

2. 商科发展背景

高校商科教育的首创，始于1881年美国宾夕法尼亚大学沃顿商学院。商科以FAME为框架，即Finance、

Accounting、Management、Economics（金融、会计、管理、经济学）四大专业为代表，较主流的商科专业包括金融、会计、市场营销、管理学、商务类专业（包括国际商务、电子商务等）、物流、经济学、人力资源管理八大类[2]。商科教育与商业市场经济的联系密不可分，140余年来，相关学科的发展调整和变化一直与社会经济的发展步调保持紧密一致。1998年我国高等教育新专业目录调整后，高等商科教育学生的培养目标完成了向市场经济体制下企业经营人员的转变。数字经济时代背景下，社会的生产方式、组织形态、商业模式、金融范式、管理模式对高校商科的人才培养都提出了新的要求。

3. 开展实践院校背景

重庆城市科技学院经济管理学院（以下简称经管学院）是重庆城市科技学院最早创建的二级学院之一，现有在籍学生7000余人，累计为社会培养了应用型人才2万余人。学院开设有金融学、会计学、市场营销、跨境电子商务、国际经济与贸易、工商管理、人力资源管理、资产评估八个本科专业，专业均属于商科范畴。本文从高校培养和大学生参与角度，选用经管学院2022年暑假前往永川区茶山竹海街道茶竹村进行大学生“三下乡”志愿社会实践活动为范例，进行案例研究。

二、研究意义

1. 对于乡村的作用和意义

通过调研对象的情况梳理发现，茶竹村村党总支按产业划分，下设林农支部、竹木经营支部、旅游产业支部 3 个党支部。作为乡村的基层组织，村各党支部存在干部老龄化、文化水平较低的问题，农民党员的理论水平、政治素养、技术水平、模范作用也与青年大学生有一定差距。大学生经过高校党、团组织的培养，思想觉悟和理论水平有很大积累和提升，用自己的专业知识来付诸实践的劲头很足。乡村通过各种渠道，对接、引入本地高校大学生“三下乡”社会实践活动，可为乡村注入新鲜血液，弥补乡村在乡村振兴进程现实中产生的短板和弱项[3]，扎实推动乡村产业、人才、文化、生态、组织振兴的步伐。

2. 对高校的作用和意义

高校教育工作者应重视大学生社会主义核心价值观不仅需要在思想上认知认同，更需要在行动中培育践行。大学生“三下乡”社会实践活动，始终贯穿着明确的政治导向和价值导向，通过劳动实践，不断增强大学生新时代责任感和历史使命感[4]。高等院校紧密围绕习近平总书记关于劳动教育的重要论述、“以劳树德”理念的内涵和逻辑，积极探索有效解决当前理论教学内容乏味、教育教学方法手段单一等问题。在开展党的二十大报告精神的学习进程中，高校“劳动 +

专业”的大学生社会实践，既实践丰富高校思政教育内容，检验了专业课程设置、人才培养与社会日常民生适应性的契合程度，又能让大学生作为参与者，促进大学生知行合一。作为观察者，见证新时代中国特色社会主义取得的一系列伟大成就。

3. 对商科类大学生的作用和意义

习近平总书记关于新时代奋斗幸福观能够引领青年大学生树立正确的价值观、促进青年大学生锻炼过硬本领、引导青年大学生投身社会实践，投入祖国最需要的地方。“三下乡”实践中，商科类大学生通过各种形式实践活动，体验劳动岗位要求、理解社会价值取向、感知社会发展方向、提升对党和政府方针政策的理解，劳动实践的很多东西是课堂内无法给予的。前期大学生围绕实践地的实际经济、文化发展情况，进行周密的调研，中期结合文献研究和调查访谈记录，后期结合新商业模式、营销渠道、新媒体推广宣传平台，为努力发展当地经济、文化、产业等事业提出了建设性的建议和方案。商科大学生通过实践，检验了专业知识的应用能力、提高了劳动实践能力、更增强了商科大学生关注国计民生的社会责任感。

通过“三下乡”社会实践，商科大学生能检验个人的专业知识基础与技能运用，实现理论与实践的融会贯通，正确评估自身不足，提前布局改进优化，并进一步激发继续学习热情，及早提升职场竞争力，在目前的就业市场竞争中提早布局，为高质量就业打好坚实基础。

三、商科类大学生“三下乡”社会实践路径

1. 健全组织领导

在以往实际的工作中，高校成立的社会实践活动组织领导机构往往流于务虚主义，团总支承担主体实施组织工作，且组织力度、重视力度、策划力度、宣传力度薄弱，学生“三下乡”队伍开展实践活动周期短，服务工作不够务实[5]。高校其他部门以及专业教师参与性也没有积极调动起来，导致大学生“三下乡”应有的育人效果不显著。因此，需要在党总支的领导下，加强统筹、周密部署、务实计划，成立实践管理工作小组，健全本学院大学生“三下乡”社会实践活动组织机构，通过团总支明晰管理工作小组的责任，遴选大学生骨干团队参与，提高责任意识，提升劳动属性，保证大学生“三下乡”社会实践活动的顺利开展。

2. 强化调研考察

高校做好社会实践工作的前提，是要切实落实地区调研工作。经管学院党总支多次带领指导老师、学生骨干实地考察调研，通过校—地层面搭建起与茶竹村村党总支的沟通渠道，采用面谈交流法、实地走访法、拍摄记录法、问卷调查法等，掌握茶竹村地域全貌、交通条件、支柱经济情况、人力资源结构、种植园分布、农户当前困局等一手资讯。调研过程中，指导老师启发全团队学生成员，论证实践方案可行性。根据调研成果需求进行相关方案思考，规划实践方向，

论证实践方案可行性，积极帮助基层群众解决实际问题。例如，在结合调研的协助农户网络助农，直播营销案例中，结合夏季农产品季节性出货特点，学生团队分组收集资料，更进一步实地进行深度调研，并在实地考察农产品类别、库存、品相等内容后，论证可实行且符合当地实际的经管学院“三下乡”电商直播方案。

3. 实践结合教学

劳动是一门立足实践的课程，大学生必须要有深入到最基层、体验最基础的劳动的身体和心理准备，大学生“三下乡”社会实践活动，才算落脚到实处。经管学院实践管理工作小组坚持尊重劳动、尊重知识、尊重人才、尊重创造的宗旨，引导大学生劳动实践、结合实际、鼓励过程创新。

一方面，大学生跟随茶竹村茶农，深入田间，到茶园进行采摘劳动。在茶农的热心指导下，实践团队学习了关于挑茶的手法以及制茶的知识，而后，通过鲜叶杀青、揉捻、干燥三个步骤，亲手制成一壶通透温润、口感回味、甘甜悠长的茶，学生们体验到劳动带来的快乐和满足。

另一方面，大学生实践团队调研到茶竹村有一家永川区十佳巾帼家庭农场的生态果园，在实地调研种植园情况，从女园主口中了解到随着蔬菜水果品质的提高，消费市场也不断扩大，传统生态果园面临销售渠道单一、市场辐射小、竞争大等诸多销售困境。经管学院指导老师结合商科类学生专业特点，现场确定课题项目、教学指导，学生以人力资源、工商管理、市场营销、财务会计、新媒体推广等专业知识，组建课题团队，分别制定解决方案，最终确定了以商科学生专业为特色的“经心臻选，科技助农”直播带货助农服务活动。

实践团队大学生积极参与劳动实践课题研究，用自己的专业理论知识，利用网络直播渠道，协助巾帼家庭农场销售竹荪、春笋片、兔眼蓝莓、黑玫脆李、黑蜜李等当季特色产品。在向观众进行文字介绍之余，学生“主播”们还以现场试吃，实时互动等方式，问答逗趣，直播间氛围热烈，直播带货交易量达到预期，为巾帼家庭农场带来了较为可观的经济收益。

4. 完善考核评价

为完善活动评价机制，着眼于后续实践活动大学生团队参与人员的选拔和改进，本文在此通过素质洋葱模型，补充了经管学院大学生“三下乡”社会实践活动效果考核评价。经管学院探索建立由社会主义核心价值观、劳动思想与品质、实践动机与态度、专业知识结构、实践技能运用五个方面构成的大学生“劳动+专业”的素养模型，该模型按层理，把考核要求从外到内按层级套层级展现，最外层是表状，最内层是核心，因此培养和评价的难度是层层提升的[6]。该考核评价改变传统的只将大学生参与活动次数和体检报告作为评价依据的做法，在培养大学生社会主义核心价值观的内核驱动下，需要更加关注大学生劳动思想与品质的形成和整体专业结构与实践技能运用的展现。

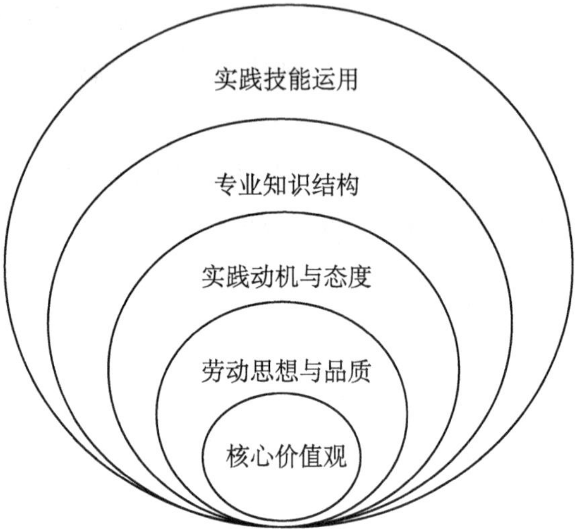

图 1　大学生“劳动＋专业”的素养模型

5. 深化强化媒体宣传

媒体宣传是提升高校社会正向曝光度和影响力的一个重要手段，加强大学生“三下乡”社会实践活动的宣传工作可实现这一点。经管学院在实践中思考，如何使用推进新媒体与传统媒体相结合、面上宣传与突出重点相结合、品牌建设与社会效应相结合的方式，构建立体化的宣传体系。活动不光要做得好、更要说得好，确保活动宣传到位、收到实效。

互联网平台的更新迭代，广泛影响着人们的经济、生活、社交，深刻改变着舆论生成方式和传播方式，改变着媒体格局和舆论生态[7]。经管学院各级组织要充分动员官方网站、微博、微信推文、微信朋友圈、短视频平台、抖音直播、小红书等媒介，图、文、视频多渠道、全方位地进行宣传推广。

四、商科类大学生“三下乡”社会实践革新方向

1. 引领电商服务，带动脱贫致富

在大城市虹吸效应的影响下，乡村青年劳动力外流现象严重，经济问题是一个显性因素。即使诸如永川茶竹村这坐拥绿色有机特色商品资源的乡村，是有资源无出路的典型。该村仅依靠传统供销社、个体零散经营模式，劳动力流失将越严重，发展之路将越走越窄。高校，尤其是商科大学生应大力协助乡村吃透、讲透国家农村电商发展的政策，通过网络支点教学、讲师团入户、一对一帮扶，培育本土乡村电商人才，尽快弥补农村电商从业者的不足，借助电商平台资源，创造新兴就业岗位，实现劳动转型，留住适应时代发展的知识型青年劳动力建设乡村。

同时，乡村发展一要加大各方扶持力度，孵化、扶持电商企业；二要推动“邮快”合作，降低物流成本；三要开展“学校＋农户＋基地”等合作方式，推动农特产品数量的增加；四要加强新媒体与电商融合，打造电商新业态，举办电商沙龙会、组团销售等形式，搭建销售平台扩大农特产品销

售市场；五要加强农特产品品控，确保产品品质。大部分乡村因地制宜发展农业，可以充分挖掘本地资源和地方特色，标准化、市场化和规模化的建设，打造富有当地特色的农产品品牌，提质增效，带动乡村社会的整体效益明显改善。

2. 实践媒介革新，推进成果展示

新媒体网络具有传播速度快、影响力大的特点，乡村更需要新兴传播平台的协助，大学生作为新生事物的实践者、传播者，有着先天的优势[8]。高校除了扎实做好“两微一端一抖”媒介推送外，还应该紧跟时代潮流，用“校园网红”开展实践现场网络直播，“弹幕”互动，抽取礼品等大学生目前喜闻乐见的方式，打造大学生“三下乡”社会实践网络ICON达人，更大范围提升实践活动的影响力，吸引、鼓舞、感染更多年轻人加入大学生“三下乡”社会实践队伍。

此外，高校还要重视校外网络宣传工作，及时推进成果展示。活动结束后，学生团队应及时总结，挖掘活动特点、亮点、爆点，及时将活动稿件投递到上级团组织网站、实践地人民政府网站和学习强国等平台，借助地级媒体、教育媒体和其他相关网络媒体平台合力发声，推广展示。

案例中，重庆城市科技学院经济管理学院2022年暑假在永川区茶山竹海街道茶竹村的大学生“三下乡”志愿社会实践活动，同期得到了永川区融媒体中心永川头条和《渝西都市报》《西南商报》《重庆日报》《中国教育报》以及中国教育新闻网等媒体陆续跟踪报道。

3. 强化校村合作，打造实践基地

高校要根据自身的办学层次和学生的专业特色，充分利用好本地政府等资源，与农村乡镇、城市社区、农村服务点等联系，本着合作共建、双边受益为出发点，建立社会实践基地[9]，拓展更多的实践载体，为学生提供更多的高质量社会实践机会。

高校实施大学生"三下乡"的实践管理工作小组，可在党总支的统筹下，通过团总支建立与乡村实践单位党团支部的日常交流机制。实践管理工作小组一是要注重实践基地的长远发展，通过党、团互助合作基地、工作站等各种授牌形式，既要保障正常实践活动开展，又要加强日常的沟通联系；二是要建立"三下乡"社会实践活动回访机制，及时了解学生的实践状况、实践单位的综合评价以及他们的相关要求；三是要强化校—企—地三方资源整合平台，开展"案例组队、项目入村户"的形式，更好地满足乡村基层的多样化需求。

五、结语

中国式现代化扎根中国大地，切合中国实际。党的二十大报告中正式提出了"教育、科技、人才"三位一体的战略性支撑。新时代提供了干事创业广阔舞台的契机，需要一批又一批有理想、有干劲、有能力的青年学子为之奋斗。高校有资源、有渠道、有能力为广大青年学生提供深入了解新时代中国特色社会主义发展成果、践行党的执政方针的实践平台。高校将继续发挥三全育人作用，引领青年学生助力乡村振兴，继续奋斗，在实践中服务基层、增长才干，鼓励新时代商科大学生发挥专业特长，把建设祖国热情和为国奉献的强烈愿望转化为建设小康社会的实际行动，不断增强时代责任感和历史使命感。

案例中深入茶竹村的经管学院大学生“三下乡”社会实践检验证明，商科大学生通过“劳动+专业”的模式，具有路径实现的可行性。大学生劳动实践中提出具体的专业项目课题，由学生自主结合课题方向和自身知识结构，进行跨专业团队建设，之后交由学院专业教师集中指导，既考察学习过程，又检验现实结果。经管学院坚持从实际出发、按规律办事、发挥优势、务实推动，验证了该形式不仅可以保证大学生“三下乡”社会实践活动的质量，提升大学生“三下乡”社会实践活动的社会形象，而且还可以使商科专业的教学资源得到有效的整合，更好地为乡村基层发展服务。经管学院不断总结提炼出实践育人工作中的突出成效和亮点，强化“三下乡”社会实践活动社会性，提升活动开展的实际价值，最终落实活动的“劳动+专业”育人功能，引导广大青年大学生爱党报国、敬业奉献、服务人民，为乡村经济发展建设贡献智慧和力量。

参考文献

[1] 习近平：高举中国特色社会主义伟大旗帜 为全面建设社会主义现代化国家而团结奋斗——在中国共产党第二十次全国代表大会上的报告 [EB/OL]. 2022-10-25. http: //www. gov. cn/.

[2] 新商科－MBA 智库百科 (mbalib. com)[EB/OL]. 2021-7-14. https: //wiki. mbalib. com/wiki/ 新商科 .

[3] 陈鹏 . 乡村经济振兴视域下大学生“三下乡”社会实践路径研究 [J]. 广西经济，2022(2)：62-63.

[4] 朱开锋，当代大学生“三下乡”社会实践育人问题研究综述 [J]. 农村经济与科技，2016，27(16)：235.

[5] 伍早金，李亚敏 . 新时代高校青年在“三下乡”社会实践活动中践行大学生责任的路径探析 [J]. 农村经济与科技，2020，31(5)：332.

[6] 严云洋，孙国红，乔斌 . 正心立德，劳动树人——新时代劳动教育课程建设的探索与实践 [J]. 劳动教育评论，2021(6)：176.

[7] 中共中央宣传部 . 习近平总书记系列讲话读本（2016 年版）[M]. 北京：学习出版社，人民出版社，2016：204.

[8] 马南楠，蒙立华，梁冬玲 . 乡村振兴战略与高校大学生“三下乡”社会实践活动育人功能的融合与革新——以广西医科大学为例 [J]. 卫生职业教育，2022，40(17)：14.

[9] 朱开锋 . 河南省大学生“三下乡”社会实践育人研究 [D]. 河南工业大学，2017：42.

“守正创新”视域下高校大学生思想教育的实践应用与策略探究

王琳

（重庆城市科技学院　重庆永川　402167）

摘要：党的二十大的胜利召开宣示着我国的伟大复兴进入了一个充满光明的历史新阶段，对于处于时代先锋的当代党员来说，每个人身上都被赋予了光荣的使命。“全面建设社会主义现代化国家、全面推进中华民族伟大复兴，关键在党。”[1]坚持中国共产党的全面领导是中国特色社会主义的最大优势和最本质特征，也是中国式现代化的本质要求。在现代化变革进程中，党以马克思主义理论为指导，结合不同历史时期中国国情不断发展创新，“领导人民成功走出中国式现代化道路，创造了人类文明新形态，拓展了发展中国家走向现代化的途径。”[2]在党的二十大中再次强调的“守正创新”一词通过浓厚的中国式哲学体现出党的发展智慧，守正是创新的前提。守正的根本离不开坚持党的全面领导，在教育方面尤其体现在坚持马克思主义思想的指导、坚守全心全意为人民服务的根本宗旨、恪守与时俱进的品格、秉承自我革命的精神等四个方面的思想政治教育。创新是守正的要求，要坚持和发展习近平新时代中国特色社会主义思想，满足人民群众对美好生活的追求与需要，就必须充分发挥中国共产党思想政治教育的引领作用，在客观上要求中国共产党思想政治教育守正的同时，还必须在理论、理念、制度以及平台等四个方面与时俱进，予以创新。

关键词：党的二十大；守正创新；高等教育

辅导员是高校思政教育的“先锋者”，我们既是高校教育中学生成长成才的“服务者”同时也是学生思想教育的“引路人”。在高校教育中对学生德、智、体、美、劳“五位一体”的教育发展承担着组织、指导、执行的重要职责。

古往今来思政教育在我国的教育体系中占据着较高的位置，在历史演变中更是发挥着无可替代的重要作用。辅导员在日常的学生工作中要积极开展思想政治教育，加强政治思想方面的教育，不断提高学生的思想觉悟以及政治立场，充当好“领路人”的角色。时代的导向要求我们将“守正创新”贯穿进高校大学生思想教育的过程中，这也是高校思政教育发展的必由之路。教育是国之大计、党之大计。培养什么人、怎样培养人、为谁培养人是教育的根本问题。立德是育人的根本。全面贯彻党的教育方针，落实立德树人的根本任务在于做好育人工作。新的时代下有新的要求，在抵御新冠肺炎疫情的大背景下，全国各地防疫形势不容乐观，青年是国之栋梁，高校的防疫工作则显得尤为重要，因此全国高校承担着保障祖国未来人才健康成长、成才的艰巨任务。作为高校思政教育的先锋者，及时了解疫情动态及其发展现状，利用互联网等多渠道宣传防疫工作部署及其各项安排，充分发挥先锋者的能动性，完成重要责任及使命。

疫情时代下，全国高校教学任务都受到不同程度的阻碍，为防止病毒进一步传播，全国各高校响应卫健委防疫政策采取封闭式管理教学，以此方式最大程度地降低病毒传播及感染风险。

新媒体技术的高速发展及创新式应用为如今的大学生提供了既安全可靠又丰富多样的社交沟通渠道。利用有效的新媒体手段增强家校联系，使得日常管理中学生能够高效、顺畅、无畏地与学院及校方管理人员建立联系渠道，在减少沟通成本的基础上获得帮助。例如，高校辅导员进行一对一心理健康教育以及校园危机事件应对处理中，新媒体工具则是至关重要的环节。首先，此类沟通工具对于识别、分析和解决学生心理健康问题发挥着重要作用。现如今，大多数校园危机事件都源自对心理问题学生管理缺失。我国高校学生的心理健康状况并不理想，据统计，有超过 15% 的高校学生存在心理或行为障碍，主要表现为焦虑、恐惧、抑郁、偏执、神经衰弱等问题。在疫情防控情境下，高校学生由于校园封闭、隔离、求职机会受限、社交活动减少等原因，引发了更为广泛的心理问题。在此基础上，做好引导工作是高校辅导员义不容辞的责任和义务。对于学生而言，大学时期是其心理、身体成长的重要阶段，对于处在人生十字路口的他们，面对选择的迷茫是贯穿其大学生活的一大主题。因此高校辅导员应在此时期充分发挥引领作用，用科学的方式帮助学生建立职业生涯规划并形成合理的行为认知。以此为标准逐步落实目标，明确发展路径。与此同时，利用线上＋线下多方式并举了解并掌握学生心理动态及变化，进而根据每个学生的特性因材施教，为学生个人发展做有效引导。促进学生充分发挥特长，实现德、智、体、美、劳全面发展。此外，引导大学生树立正确的世界观、人生观、价值观需要通过思想政治教育这一合理高效的方式。近年来，随着互联网的高速、高质量发展，网络新媒体以惊人的速度改变着人们的衣食住行等生活和行为方式，在此基础上，高校工作者应充分利用此途径促进思想政治教育工作地开展。以教师的微博、抖音、小红书等社交 APP，作为与学生之间的信息交流平台，不仅可以优化教育教学资源，还可以开拓思想政治教育维度。此外，通过利用网络等方式，还可以宣传推广同年级优秀学生事迹，将榜样的力量发挥到极致，让其成为学生喜闻乐见的模范宣传方式。

综上所述，在“守正创新”的新时代要求以及疫情干扰的社会背景下，高校辅导员必须完善、更新自身的知识体系及理论素养，转变角色为“导师型”辅导员，这要求高校辅导员在具备工作经验、实践能力的同时不断提高自身文化水平和业务素养。大学生涯是大学生成长成才的关键时期，高校辅导员在此过程中承担重要责任。①大力建设校园文化，利用一些重大事件节点，举办学生活动，将思想政治教育与学生活动充分融合。②把握时机，以大时间节点为坐标，加强思想政治教育宣传力度，积极创新融合思政教育模式如国庆节、建党节、青年节等。③发挥课堂教学的主渠道作用，改进授课方式和授课内容，使大学生对思想政治教育有具体的和感性的认识。④主动占领网络新阵地，加强网络思想政治教育，推动传统思想政治教育与信息技术高度融合，运用大学生喜爱的方式开展思想政治教育，引导学生创作网络文化作品。⑤引导大学生积极参与社会实践活动，丰富社会实践活动的类型，拓宽大学生思想政治教育的渠道。树立先进典型，发挥榜样力量，把抽象的说教变成生动的形象展示，强化育人实效。高校辅导员应该“不忘初心、牢记使命”，肩负起学生思想政治教育的重担，帮助学生走出困惑，引导学生树立正确的世界观、人生观和价值观，为学生点亮理想的灯，照亮前行的路。

参考文献

[1] 习近平．高举中国特色社会主义伟大旗帜 为全面建设社会主义现代化国家而团结奋斗——在中国共产党第二十次全国代表大会上的报告 [N]. 人民日报，2022-10-26.

[2] 中共中央关于党的百年奋斗重大成就和历史经验的决议 [N]. 人民日报，2021-11-17.

以新发展理念提升民办高校育人策略和质量研究

胡威

（重庆城市科技学院　重庆永川　402167）

摘要：党的二十大报告四次提到“新发展理念”一词，尤其提出“贯彻新发展理念是新时代我国发展壮大的必由之路”。双循环经济模式的平稳运行，高等教育适应经济社会发展的转型之路任重而道远，以创新、协调、绿色、开放、共享的新发展理念提升民办高校对“00后”大学生的培育质量研究更具深远意义。通过创新教育教学方式方法，协调“三全”育人和“十大”育人体系，实施绿色健康学风建设工程，提升民办高校开放办学新水平，共享育人质量发展新成果，为服务成渝双城经济圈建设发展做出新贡献。

关键词：新发展理念；民办高校；育人策略；育人质量

一、新时代民办高校发展的结构性调整

（一）专业发展结构

以成渝地区一所较大某民办高校为例，艺术类和传媒类两大类专业近7000名在校大学生，工商管理类和经济类两个专业已经超过7000名在校大学生，建筑类和计算机类

两大专业超过5000人，英语、法学和文学三个专业相对保持稳定，依然有4000名在校学生，而近三年新上马的社会体育类专业在校生已经超过2000名，其他如智能制造、人工智能、大数据等专业学生保持在1200名左右，同时增设了健康管理、智能建造等社会经济发展迫切需求的一些专业。

（二）教职工队伍结构

进入高校整体结构转型发展阶段，民办高校的教师队伍十分不稳定，通过自身内涵发展培养的专业（学科）带头人和名师，纷纷涌入公办院校，民办院校人才流动性颇大。一方面，加大了对青年教师的引进力度；另一方面，加大了对专业（学科）带头人的引进力度。但是在一些新兴专业上仍然出现连青年教师都无法达到基本配备标准的地步，如运动康复专业、人工智能专业等，专业教师结构上仍然是“老的老，少的少”。在思想政治教育方面，更加凸显辅导员工作的重要性，但是仍然面临一些无法解决的问题。因为疫情，高校辅导员更是流动性巨大，更多的新入职高校辅导员“骑驴找马”，大学生也时常抱怨“一年换三个辅导员”无法适应的问题。行政和后勤保障人员机构问题依然严重，保卫年龄偏大、综合素养不高、计算机操作水平低下等导致学生抱怨连连，深层次原因是人才队伍建设架构不合理。

（三）学生发展结构

新时代“00后”大学生多才多艺，部分学生兴趣爱好广泛、特长明显，原来以体育运动类的兴趣为主，目前呈现多元化趋势。滑板、轮滑、登山、攀岩、舞蹈、钢琴、声乐、瑜伽、武术套路、跆拳道、泰拳、太极拳、咏春拳、网游、手游等等层出不穷。在对自身专业发展方向上，突出深化专业学习、积极参加专业竞赛、努力考取专业相关资格证书等正在不断深化。对创新创业兴趣更加浓厚，在校大学生的发展结构层次已经伴随新时代向前向上发展。

二、新时代民办高校大学生发展

（一）学业发展规划

在大一，学生应该努力学习专业基础课程，广打基础，调整心态，调动各方面积极性和主观能动性，主动融入大学生活，主动对接所学专业的专家和教授，深入了解自己所学专业，以未来就业发展为导向，了解未来与本专业对口的职业，有一个更长远目标和可实施的计划。制订上、下学期具体计划，养成良好的学习和生活的习惯和态度。在平时，会更加注重自主学习，除了完成课堂上的一些学习任务，还会抽出时间查阅一些知识层面更加开阔的相关书籍，不断丰富自己的学识，提升视野，同时做好准备报考英语四级和计算机二级考试。加入1～2个部门，协调好学习与活动的关系，做到两者不冲突。在大二，需要完成两件事，一是把英语四、六级考过，二是参加暑期社会实践，把要求的学分完成。工作方面，如在学生会社团等干得比较顺心，可以继续发展，争取成为主要负责人，这样能够锻炼自己组织协调、交流沟通的能力等。进入大三，学业成绩定型，个人发展方向基本清晰，应该为自己未来的发展做明确的打算。学习方面，专业课会更加细化和深入，除了修读深化课程，这阶段需要做的事情更多，多考一些证书，提前进入考研复习或专业实习。大四顺理成章，成功深造或顺利就业上岗。

（二）职业发展规划

职业规划的作用是帮助建立明确的目标和科学的管理，使用科学的方法，切实可行的举措，充分发挥个人专长，开发自己的潜力，克服职业发展障碍，避免发展陷阱，不断修正前进方向，最终实现职业成功发展。职业生涯设计的目的，不仅能帮助新时代大学生顺利走上岗位，实现个人目标，更重要的是帮助个人真正了解自己，为自己的未来制定职业生涯规划。进一步详细评估自身客观条件和内外部环境的优势和不足，在SWOT分析法下，设计出符合自身特点的合理可行的职业发展方向。

（三）实现人生新发展

科学的人生一定是健康的、诚信的、快乐的、奋斗的人生。这是人生的目标和要求。要实现这一目标，关键在于价值取向和人生取向。价值取向直接反映一个人的价值观。奉献和获得是衡量价值取向是否正确的重要尺度。如果人生价值取向是奉献，那么大学生的工作和生活都将是美好的人生新期待。如果价值取向是索取的，工作和生活将是灰暗的，这不仅会影响身体，而且会伤害心理。什么是核心竞争力，至少有三个要素。第一是性格。这是核心的核心，其中最重要的是诚信。诚信是一个人的基础。有了诚信，就有了成功的第一秘诀，而不诚信必然会导致失败。第二是责任。责任不仅是一种道德，更是一种能力，是其他一切能力的指挥官和核心。没有责任感，其他能力就会失去用处，因为能力总是由责任承载的。责任决定效率，责任体现忠诚，大学生应该具有责任心。第三是能力。包括方法和知识，一个人的核心竞争力，体现在他有能力使自己成为一个组织或一个集体中不可替代的人，这也是能力的最高境界。要做到这一点，首先要成为自己工作的专家，终身学习，知识就是财富，必须通过不断的学习来获得。学习不再是一种简单的谋生手段，而是一种提高自我、保持健康态度、提高精神境界的人生需求。保持健康的态度，“一种健全的态度比一万种智慧更有力量”。心态决定状态，心态决定命运，只要心不累，人就不累。保持健康的心态，名利上有满足感，能力上有危机感，事业上有责任感。

三、以新发展理念提升民办高校育人成果

（一）创新教育教学方式方法

创新教学法，又称现代教学法或创造性教学法，是指培养学生创新思维能力的教学方法。虽然名字不同，但本质是强调学生创新能力的培养。情感教学法是一种用情感教育人的方法。它不仅能激发学生学习科学知识的热情，还能培养学生健全的精神品质。讨论式教学法不同于其他教学法，它具有民主性和双向性的特点。千百年来的课堂教学就是老师讲道，学生听课，即使学生有问题，在课堂上也不敢问。案例教学法效果显著，值得推广，其主要优点是：一是克服了“填鸭式”教学，以点带面，有利于简化教学内容，减少课时；二是有利于理论联系实际，使课堂与社会实践紧密联系，实现学习与应用的一致性；三是它有助于启发学生思考，培养他们创造性地分析和解决问题的能力；四是有利于教学与调查研究相结合，将科学研究引入教学，培养学生的研究工作能力。新文科、新工科、新商科上更显作为。

（二）协调育人体系与策略

高校思想政治教育具有丰富的内涵和外延，无论是在以专业教师为教学主体的课堂教学中，还是在大学生第二、第三课堂的日常思想政治教育中，都涵盖了学习、体育和体育活动、实践组织、就业、心理咨询、实践训练等许多方面。在传统的课堂教学模式下，除了第一课堂教学外，专业教师是组织者和实施者，辅导员是主导者，专业教师和辅导员是高校思想政治教育的两大主力军。学生通过课堂学习、课后实践和人际交往，体会大学专业学习与生活，充分发挥大学教育的协同效应和发展目标。然而，辅导员和专业教师存在“孤岛困境”，存在对抗与不合作的“冷战”僵局，极大阻碍了“三才教育”“铸魂工程”“大思政”工作格局的构建。在全过程教育、全方位教育、全员教育的“大思政”格局中，辅导员要与专业教师密切协调配合，切实发挥大学生思想政治教育的中坚力量作用。在内容上，从思想政治理论课、日常管理与服务、就业指导与服务、心理健康教育和心理咨询五个维度，以学生为主体的党团社会活动，构建辅导员与专业教师“五位一体”的协同育人机制，共同推动思想政治教育高效有序发展。

（三）实施绿色健康学风建设工程

学风建设不仅影响着学校教学改革和教学质量，也影响着学校的生存和发展。学风建设是学生工作的生命线，优良学风建设是教育管理的核心内容。学校以从根本上“端正学习态度，真正改善学习氛围，显著提高学习成绩”为目标，旨在通过学风建设活动，将学习氛围提升到一个新的水平，促进学校教学改革的深化和教学质量的提高。推动区域经济走出低谷，实现跨越式发展，更好地实现既定的四年目标。建立良好的校园学习氛围，充分调动学生学习的积极性和主动性，形成勤奋学习、刻苦学习的氛围和强烈的竞争意识，帮助学生树立热爱学习、学会学习、善于学习、坚持学习、终身学习的理念，形成较强的学习能力和学习兴趣，充分利用班会，采取多种形式广泛宣传，积极动员参与。在班级中营造浓厚的氛围，努力提升班级作风的文化内涵，让环境影响人、感染人、激励人。在课堂上张贴班规、班训和宣传标语，如讲正气、讲学习、树形象、遵守班规、懂礼仪、勤思考、善学习等，以激励和感染学生磨砺志向、不断学习、砥砺前行。

（四）开放办学与视野新格局

开放学校教育的基本理念主要体现在五个“开放”，即：开放时间的藩篱，实行弹性时间制；打开空间的墙壁，实现空间的开放性；打开学科之间的围墙，促进课程整合；打开教师之间的栅栏，促进教学合作；打开学校和社区之间的围墙，创建一个学习型社区。学校、家庭和社区是教育功能的承载者，学校具有发展个人基本理解和集体生活能力的功能，家庭具有促进个人形成基本生活习惯的功能，社区具有形成个人感知、经验和实践能力的功能，三者相辅相成。因此，开放学校教育致力于促进学校、家庭和社区之间的开放与合作，从而有效促进学生人格的和谐发展。以重庆城市科技学院为例，其国际交流合作取得新突破和重大进展，“国际化、高端化、个性化”的学生发展战略应运而生。例如，应将学生的国际教育实践和岗位实操作为学生成长发展的主要方向。通过引导学生和教师大力开展产学研合作活动，未来应将高校教育行业合作推向更加科学的方向。一方面，要尊重企业需求，把服务企业、为企业发展作出贡献作为产学研合作的基本出发点。只有实现校企共赢，未来高等教育产学研合作模式才能更加科学。另一方面，我们应该关注学生的成长。在产学研合作过程中，要以提高学生综合素养为最终落脚点，助推大学生能力、素养和职业技能的提升，更好地满足社会对人才的需求。因此，在产学研合作中，应根据学生的培养需求不断完善培训方案，以最大限度地促进学生的成长和发展。

（五）共享育人质量新成果

坚持与合作单位共商办学方案、共担教育责任、共享合作成果的原则，促进学校与合作单位共同发展、师生共同进步、教研共同提高，实现合作主体之间的互利共赢。互利共赢的驱动机制已经建立，教师进入合作单位获得高质量的临时性就业经验、高价值的研究数据和高水平的应用成果；学生进入合作单位，获得高质量的实践经验、高价值的实习简历和高水平的专家指导；合作单位依托学校智力、人力、物力的多重帮助，安排项目研究、咨询服务、人员培训、大型活动等，实现学校与合作单位的互利共赢。我们建立了高质量的资源共享机制。地方政府和政府部门的项目、资金、政策、行业信息资源、企业人才、资金、项目、实践实训场所、科研院所科研平台等优质资源，为教师队伍建设和应用型人才培养提供了宝贵的资源支撑，弥补了学校资源种类和数量的不足。学校利用优势学科资源、人力资源和环境资源，为合作单位提供智力、人力和物质支持，实现优质教育资源的双重整合和高效利用。协调运行保障机制的构建、实体合作平台的建立、治理结构的完善，为学校、政府、企业的有效协调和高效运行提供了强有力的组织保障，通过机制的运行，分享教育高质量发展的新成果。

参考文献

[1] 陈晓晨．新发展理念视角下民办高校人才培育模式改革路径研究 [J]. 产业与科技论坛，2022(8).

[2] 汪一宁．新发展理念下高校会计人才队伍建设研究 [J]. 财会学习，2022(5).

[3] 陈安琪．新时代高职思政课教师队伍现状与建设路径探析 [J].

武汉船舶职业学院学报，2022(3).
[4] 李文英.协同育人理念下“五维一体”协调育人机制的探索与实践——基于高校辅导员与专业教师队伍的视角[J].中国集体经济，2018(5).

新形势下高校毕业生高质量就业有效路径研究

袁小琴　余婕妤

（重庆城市科技学院　重庆永川　402167）

摘要：就业是最大的民生，高校毕业生作为重要就业群体，更是重中之重。新形势下，高质量就业既是各大高校要去迎接的挑战，亦是化解高校毕业生就业困境的机遇。通过分析大学生高质量就业的现实困难，围绕思想引领、专业教育、就业指导、就业途径这四个维度提出可实践的路径，切实促进高校毕业生实现高质量就业。

关键词：新形势；高校毕业生；高质量就业；路径

党的十八大以来，习近平总书记高度重视就业问题，从提出我们的人民期盼有"更稳定的工作、更满意的收入"，到实现"更高质量的就业""更加充分、更高质量的就业"，再到党的二十大报告中，对教育、科技、人才和就业工作进行了系统部署，强调促进高质量充分就业，充分体现了党和国家对就业工作的重视。而高校毕业生作为中坚劳动力，每年数百万毕业生投入求职大军，更是不容忽视的群体。党中央、国务院高度重视高校毕业生就业工作，国务院《"十四五"就业促进规划》明确要求，高校毕业生就业工作仍是重中之重，而且明确指出“十四五”时期，实现更加充分更高质量就业，是推动高质量发展、全面建设社会主义现代化国家的内在要求，是践行以人民为中心的发展思想、扎实推进共同富裕的重要基础[1]。

新形势下，一方面，中国经济发展已进入新常态，经济增长速度减缓，产业升级改造，市场上所能提供的新增岗位有限；另一方面，受近三年疫情影响，许多中小企业面临倒闭危机，勉强支撑下来的企业也面临裁员或缩减招聘人数等困境。加之，近年来，高校毕业生新增人数每年逐步上升，毕业生对工作岗位也有更高的要求，市场需求和劳动力供给不对称，整体处于供过于求的状态，毕业生就业形势十分严峻。在此背景下，如何推进毕业生充分高质量就业成了各大高校亟须解决的课题。

一、新形势下高校毕业生高质量就业面临的困难

高质量就业是指在保证充分就业的基础上，能更好地挖掘个人价值、工作价值和社会价值[2]。高校毕业生作为知识分子，具有一定专业知识、工作能力，可塑性强、发展潜力大，适配合适的岗位上，才能发挥人才的个人价值、工作价值和社会价值，只有人才满意用人单位点赞才能算真正实现高质量充分就业。新形势下，百年变局与世纪疫情双重压力

下，高校毕业生高质量就业面临诸多困难。

（一）经济下行压力增大，岗位供给缩减

近年来，百年变局与世纪疫情交织叠加，俄乌冲突升级，世界发展的不稳定性不确定性日益增多，致使世界经济低迷、全球市场需求萎缩，外需下降拖累出口走弱。加之全球产业链供应链紧张，西方国家对中国汽车、芯片等重点行业进行围堵打压，致使国内相关企业生产发展被掐住了脖子，运营成本持续走高。大环境影响下，内需不足制约经济增长，大企业订单不足叠加销路不畅，小微企业极限承压，招聘需求大量缩减。据统计，2023 年以来，除汽车及相关产业、信息技术等少数行业新岗位发布数量相对稳定以外，其他行业新增招聘岗位大幅缩减，供毕业生选择的岗位数量呈明显缩减趋势。

（二）毕业人数再创新高，就业竞争加剧

数据显示，刚刚走向社会的 2022 届高校毕业生有 1076 万人，截至 2022 年 8 月 31 日，仍有接近一半毕业生还未落实就业去向；2023 届高校毕业生数量再创新高，进入 9 月份以来，预计 1158 万人陆续投入求职大军。加之疫情之下，当前就业市场复苏基础不稳定，企业裁员、企业倒闭等导致的失业人员增多，典型的“僧多粥少”的状态，就业竞争越来越“白热化”。

（三）就业观念错位，“慢就业”突出

以笔者所负责的班级为例，截至2022年8月，2022届毕业生中就业比例不足6成，通过谈话了解到，未就业学生中要继续考研二战的占12%，要考公务员事业单位的占8.6%，6.6%学生期望找国企或大公司的工作，剩下的超过一成的学生自己也不清楚自己的职业打算所以暂不打算找工作。由此可见，“慢就业”现象已经成为高校毕业生逃避就业压力普遍选择的一种方式。究其原因，一方面家长和毕业生相对职业发展，更加追求稳定；另一方面，许多毕业生缺乏“务实”精神，求职时有“一步登天”的心态，没有综合自身专业特点和未来发展前景去理性思考，目标只停留在一线城市或大型企业，而放弃基层和中西部偏远地区人才引进等大量就业机会[3]。

（四）就业结构性矛盾突出，供需不对称

随着以人工智能、大数据等为代表的新科技的快速发展和广泛运用。一方面，不仅会替代部分体力劳动者，还会替代部分脑力劳动者，大量劳动力可能面临重新求职的危机；另一方面，新科技的发展也会催生一些诸如机器人工程师等新型职业，而我们当前的培养方案培养出来的毕业生又不能胜任相应职位，导致求职困难，这种就业的结构性矛盾将更加突出。同时，随着近年来高学历毕业生供给量越来越多，

部分企业在招聘时，选才标准设置也水涨船高，未实事求是考虑人岗适配度，想去应聘的毕业生学历不够，学历满足的又看不上岗位，高校毕业生和用人单位双向设限，这种供需信息不对称，导致了当前“就业难”与“招人难”问题日益突出。

二、高校毕业生高质量就业的路径分析

（一）加强思想引领，转变就业观念

思想政治教育贯穿整个就业工作，就业工作要融入整个大学生涯的思想政治教育。用马克思主义武装学生头脑，用习近平新时代中国特色社会主义思想指导学生实践，思考发展之路，让学生在纷繁复杂的形势下保持头脑清醒。一是就业指导教育融入大学生“两课”等课堂中，加强大学生就业形势政策的教育，让学生清楚当前国际国内形势发展变化，立足“两个大局”，把握就业形势。二是在学生日常管理工作中对学生加强思想引领，针对不同阶段学生特征进行有计划的思想教育，通过开展主题班会、一对一谈话、主题讲座等形式对学生进行思想引导，引导学生树立“先就业，后择业”的观念。三是树立典型，发挥榜样引领作用，可邀请已经在各行各业深耕，实现高质量就业的校友给学生做讲座，对高质量就业先进事迹进行专访报道等，形成价值导向，引

导学生响应国家基层就业的号召，到国家重点地区、重点行业建功立业。通过“润物细无声”式思想引领，强化正能量价值导向，让学生转变“一步到位”的就业观念，帮助学生树立正确的成才观和就业观。

（二）丰富教学层次，优化培养方案

传统的课程设置偏重理论教学，实践教学比较流于形式，所以导致高校培养的学生达不到企业的用人要求，不仅浪费教育资源，更是耽误学生发展。加强课程设置改革，优化培养方案势在必行。一是专业设置不能脱离产业需求，高校要关注社会用人需求变化，科学调整专业设置和人才培养方案，适应社会用人需求。二是根据专业的特点设置有差别的课程，不同专业对学生专业培养的侧重点应该不同，培养具有专业特色的人才，而不是千篇一律的量产。三是加大实践实训课程的投入，建设仿真模拟实践实训基地，借助虚拟仿真实训软件，学生在校就能将理论践行于实践中，实现企业实际操作的无缝对接，让学生动一次手比给学生讲十次道理更有用。通过培养方案的优化、专业设置的调整和知识结构的更新来增加毕业生的就业竞争力和专业对口性，尽力缓解就业结构性矛盾，实现高校毕业生高质量就业。

（三）加强生涯教育，精准就业指导

建立以就业为导向的职业生涯规划体系。职业生涯规划

和就业指导要贯穿整个大学教育，分阶段有计划进行。大一的重点是唤醒学生生涯规划意识，进行职业生涯规划启蒙，为学生提供职业咨询和测评服务，帮助学生认识自我、了解专业、明确职业方向。大二、大三着重培养学生各项基本工作能力和专业能力，通过参加社团组织锻炼、考取职业资格证书、参加学科竞赛等提升领导组织能力、口头表达能力以及专业应用能力，引导学生自立自强自信，为大四求职储蓄力量。毕业年级就要为进入职场做全面准备，可以开展类似简历制作、模拟面试等主题讲座对学生进行求职方法普及教育。另外，职业生涯教育必须要跟专业教育相结合，才能切实帮助到学生。

在开展职业生涯教育的过程中，就业指导已经潜移默化地进行了，但仍需要在就业指导“精准化”上下功夫。一是精准推送就业信息，利用大数据和信息化平台，为学生推送与其相匹配的企业岗位。二是精准开展就业帮扶，在全员就业背景下，建立“一人一档”加强对学生个性化指导，对困难学生建立“一对一”帮扶机制，准确掌握困难生就业意向和情况，切实解决困难生所面临的就业难题。

（四）加强产教融合，拓宽就业渠道

高校要融入当地城市发展，高校发展要深化产教融合、校企合作，充分挖掘校友、合作伙伴、当地企业等资源，加强就业市场开拓，提升岗位供给质量和层次，为毕业生就业

打通企业通道，助力毕业生高质量就业[4]。一是落实访企拓岗，高校各级负责人要利用好各项资源，主动联络企业，深入企业，推动校企合作。二是建立长期友好校企合作关系，加强与实训实习基地企业合作，提供高质量的育人环境。三是建设校友共同体，校友和母校共生共发展，校友可以为母校毕业生提供就业平台，拓展就业途径。四是建立家校联盟，一方面学生的就业离不开家长的支持帮助，另一方面不少家长也可以为学校毕业生提供就业途径。全方位开展就业工作，真正落实“全员就业”，拓宽毕业生就业渠道。

三、结语

如何实现高校毕业生高质量充分就业是新形势下社会各界必须关注重视的问题。高校要充分把握就业形势，加强思想引领，引导学生树立正确就业观，科学调整专业设置，优化培养方案，深化职业生涯规划教育，做好就业服务，加强产教融合，用好“全员就业”，拓宽毕业生就业渠道，创造位得其人、人尽其才、适才适所、人事相宜的就业环境，才算是帮助毕业生真正实现了高质量充分就业。

参考文献

[1] 戚茜曦．后疫情时代高校毕业生高质量就业策略[J]. 经济研究

导刊，2022(27)：152-154.
[2] 王军，刘国柱，惠保鑫，等．学生工作视角下地方高校信息类毕业生高质量就业有效路径探析 [J]. 山西青年，2022(11)：12-14.
[3] 张慧．新形势下高校毕业生就业现状分析与引导策略初探 [J]. 中外企业文化，2022：170-171.
[4] 葛志元，孟丽萍．新形势下高职大学生高质量就业困境、转机及路径探索 [J]. 国际公关，2022(14)：13-15.

新发展格局下思想政治教育对高校大学生就业的影响研究

张纪梦

（重庆城市科技学院　重庆永川　402167）

摘要：目前，我国正处于发展的新阶段，国家教育水平不断提高，大学生的数量也在不断增加，与此同时，大学生就业问题成为社会关注的重点话题。针对大学生开展就业指导工作是大学教育工作中最重要的部分，在对大学生的就业进行指导的过程中，思想政治教育对开展大学生就业指导工作有着重要作用。鉴于此，研究新发展格局下思想政治教育在大学生就业指导中的影响价值，可以为高校开展就业指导工作提供借鉴。

关键词：新发展格局；思想政治教育；高校大学生；就业

近年来，随着中国特色社会主义建设的不断推进，我国综合实力有着明显提升，高等教育事业也逐步完善加强，高校在读学生人数持续增加，与之而来的就是大量毕业生就业的问题。2022年，我国毕业生达到1076万人，持续创造历史新高。党的二十大报告明确指出“就业是最基本的民生”，习近平总书记也指出“把思想政治工作贯穿教育教学全过程，实现全程育人、全方位育人”。在新发展背景下，大学生就业问题是高校人才培养工作的重要内容和体现，而同时，高校思想政治教育是提升学生综合素质能力、树立正确观点的重要教学课程，在课程中帮助学生树立正确的就业观，是思想政治教育的重要方面。因此，探究新发展格局下思想政治教育融入大学生就业教育之中的影响与价值，挖掘高校思想政治教育对就业指导的重要作用，可以有效地促进高校大学生就业。

一、新发展格局下高校大学生就业现状

（一）就业大环境

教育部的公开数据表明，我国高等教育现如今已进入蓬勃发展的时期，高校毕业生人数每年都有新的突破，持续增长的毕业生数量，让有限的工作岗位产生激烈的竞争。另外，受全球经济环境以及疫情的影响，更多的大学生选择考研，想要通过提升学历来提高自身就业竞争力，随着越来越多的高学历毕业生与大学生在同一市场中展开竞争，更多的大学生难以找到合适的岗位，就业形式极为严峻。

（二）大学生自身情况

1. 缺乏完善的职业生涯发展规划

对于刚成年的青年来说，刚到大学校园，大多数学生难

以在短时间发生转变，没有目标和规划是大多数学生初进校园的状态，不清楚自己大学期间的每个阶段应该做些什么，也不知道自己的专业发展，没有清晰的发展目标，更没有完善的职业生涯发展规划，对未来的方向很迷茫甚至是没有思考未来。这些现状将会导致的结果，呈现在学习以及生活上的状态就是得过且过，没有持之以恒深刻学习并钻研专业知识的动力，更没有提升自身能力的想法，最终就会导致学生在就业市场上缺少与其他学生之间竞争的能力。

2. 个人价值定位不清晰

通过对毕业生的访谈发现，仍旧存在部分学生在面对就业时，对于自己的价值定位不够客观，对于自己的认识并不充分，仍旧在自己的象牙塔中，没有结合社会发展情况审视自身实际情况，导致他们在求职的过程中有失客观，职位目标不明确，难以避免求职失败的经历，甚至会逃避就业。

3. 缺乏职业能力、气质等综合能力的培养

随着市场经济以及科学技术的发展，企业对于学生综合能力的要求越来越高，企业需要的不再是只会做事的“工具人”，更需要综合素质较完善的“社会人”。但是，由于多种原因，仍旧有部分大学生存在沟通交流能力、团队协作能力欠缺的情况，这也导致这部分学生在找工作的过程中面临重重困难。

4. 压力承受能力较弱

对于大学生来说，毕业阶段是他们心理成长、逐渐接触

社会的重要阶段。但是仍会存在部分学生，由于种种原因，难以从这场由校园到社会的成人礼中顺利毕业。无可否认，找工作是一个考验压力承受能力的过程，如果学生没有十分强大的内心，在面临就业过程中的困难时，必然会导致学生产生逃避的心理。

二、思想政治教育对高校大学生就业的影响

（一）有利于学生进行职业规划

在大学生开展日常思想道德教育的过程中，融入职业规划指导，可以帮助学生更加清晰未来发展方向。高校教师对大学生进行思想政治教育是日常教育的重要内容，在这个过程中，教师可以重点培养学生的职业规划能力，利用职业规划指导培训，让学生对未来的社会发展、个人发展有清晰的了解，诱导学生实现人生价值的未来目标。这样不仅可以让学生提前了解所学专业的发展方向，也可以让学生更加清晰自身努力方向，在参加工作之前就对自己未来的职业有良好的规划。

（二）有利于学生树立正确的就业观

目前，没有树立正确的就业观念是造成大学生毕业难以找到工作的重要原因，在大学生就业过程中，良好的就业

观念极为重要，不仅能够帮助大学生挖掘适合自己的工作岗位，还能让其在面试时最大限度地发挥自己的特长和个人能力。高校对大学生进行思想道德教育，可以在让学生树立正确人生观的过程中，帮助大学生树立正确的就业观念。有着良好就业观念的学生，往往能够在毕业时顺利地实现就业。

（三）有利于学生就业能力提升

思想政治教育是提升学生综合能力的重要教育内容，不仅能够提升学生的思想意识形态，还能通过各种实践强化学生的社会实践能力，只有不断地引导学生进行实践，才能让学生对自己的认识更加准确。在实践的过程中，学生还能更好地发现自己的短处与长处，提升自己的社会能力，明确要成为一名合格社会人所需要的技能，这不仅能够提高学生的就业能力，还能增强就业技能训练意识。

（四）有利于学生心理健康发展

在开展大学生思想政治教育过程中，还会注重大学生心理健康的培养。心理健康教育能够让学生们在严峻的就业形势下依旧保持着良好的心态，时刻保持积极向上的心态，能够有效地加强学生的承受力，同时减轻学生就业压力，缓解焦虑，以更加积极的心态寻找合适自己的岗位，而不会因为自身心理原因，逃避就业。

三、结语

当前，将思想政治教育融入大学生就业发展中的价值较为突出，思想政治教育与大学生就业指导的融合，可以有效改善高校大学生就业形势。目前，国家正处在新时代发展的重要历史时期，以思想政治教育引领大学生就业教育，不仅能够更好地培养时代新人，还能推动大学生自由全面地发展，让更多的大学生实现就业，进而增强社会幸福感。

参考文献

[1] 韩佳佳.新形势下思想政治教育在大学生就业指导中的重要性[J].品位·经典，2022(16)：86-87，128.

[2] 谢耿，王燕娜.高校思想政治教育对大学生就业创业的引导作用[J].山西财经大学学报，2022，44(增刊1)：93-95.

[3] 郑剑飞.基于思想政治教育视域下的大学生就业创业指导分析[J].佳木斯职业学院学报，2022，38(3)：152-154.

[4] 包治国，李桂东.基于新发展理念的大学生思想政治教育路径探索[J].西南石油大学学报（社会科学版），2021，23(4)：105-112.

简析高校思想政治教育中民族精神的弘扬和培育

张峻铭　冯鑫

（重庆城市科技学院　重庆永川　402167）

摘要：弘扬和培育民族精神是高校思想政治教育的重要任务。坚持马克思主义的主导地位、弘扬中华民族的传统文化和正确处理好本来、外来、未来三者之间的关系是高校思想政治教育中弘扬和培育民族精神的基本原则；爱国主义教育、弘扬和培育诚实守信品格和自立自强精神是高校思想政治教育中弘扬和培育民族精神的重点；不断改进和创新思想政治教育方法是高校思想政治教育中弘扬和培育民族精神的基本途径。

关键字：高校；思想政治教育；民族精神；弘扬和培育

习近平总书记在党的二十大报告中指出，全面建设社会主义现代化国家，必须坚持中国特色社会主义文化发展道路，增强文化自信，围绕举旗帜、聚民心、育新人、兴文化、展形象建设社会主义文化强国，发展面向现代化、面向世界、面向未来的，民族的科学的大众的社会主义文化，激发全民族文化创新创造活力，增强实现中华民族伟大复兴的精神力量。民族精神，作为一种文化形式，是激励和凝聚全国各族人民的重要精神力量，是中华民族赖以生存和发展的精神支撑。在对高校学生进行思想政治教育过程中，弘扬和培育民族精神，是学校教育极为重要的内容，不仅对学生成才有极为重要的指导意义，而且对民族复兴、国家繁荣具有十分重要的战略意义。当前，高校思想政治教育中弘扬和培育民族精神，应结合时代新要求，坚持基本原则，把握教育重点，不断创新和改进工作方法。

一、高校思想政治教育中弘扬和培育民族精神的基本原则

高校思想政治教育中弘扬和培育民族精神的实质就是通过教育促进民族精神“人格化”、实现民族精神的精神动力价值的过程。这是走中国特色社会主义文化发展道路的国情意蕴。高校思想政治教育中弘扬和培育民族精神应坚持如下三项基本原则。

第一，坚持马克思主义的指导地位。马克思主义是中国共产党的指导思想，是我们党和国家的行动指南，是被实践反复证明了的科学的世界观和方法论。中国革命史和中国特色社会主义事业发展史的成功是马克思主义中国化的直接成果。思想政治教育的核心内容就是要让学生更深层次的认识马克思主义，让他们树立正确的马克思主义观，确立起正确的世界观、人生观和价值观。习近平总书记指出：“中国人

民在长期奋斗中培育、继承、发展起来的伟大民族精神，为中国发展和人类文明进步提供了强大精神动力。”马克思主义是思想政治教育的灵魂，只有坚持马克思主义的指导地位，将其融入中学思想政治教育中，才能把握弘扬和培育民族精神的正确方向，从而完成中学思想政治教育的基本任务。

第二，弘扬中华民族的优秀文明成果。中国自古以来就是一个多民族的国家，各民族文化经过几千年的碰撞与交融，逐渐形成了“一体多元”的民族结构。一体，即整个中华民族成为一个整体，多元，即一体包容的多民族。“一体多元”的民族结构形成统一的民族意识，整合出推动中华民族发展壮大的强大的民族精神力量。中华民族在五千多年的文明发展史中为我们留下了丰富的优秀文明成果，这些文明成果的积淀和升华是伟大的民族精神基础。因此，弘扬和培育民族精神的基本要求是弘扬中华民族优秀文化遗产，继承中华民族悠久的历史文化传统。

第三，正确处理好本来、外来、未来三者之间的关系。当今，我国进入全面推进改革开放、全面建设社会主义现代化国家的新时代。高校思想政治教育中弘扬和培育民族精神，要准确把握当前的时代主题，与时俱进，正确处理好本来、外来、未来三者之间的关系。

不忘本来，扎根中华优秀传统文化深厚土壤。诸如艰苦奋斗、不骄不躁的人生态度，天下兴亡、匹夫有责的爱国情怀，为中华崛起而读书的社会理想等，传承着中华民族最强大的精神基因，这是我们的重要文化优势，必须利用和发挥好。融合外来，积极融合借鉴其他民族精神文化的有益成果，弘扬和培育民族精神，应该引导青年学生适应世界潮流，吸取世界先进科学文化，为我所用。面向未来，就是要在民族精神的弘扬和培育中，引导青年学生高瞻远瞩，不仅要看到眼前需要，更要着眼于未来需要。

二、高校思想政治教育中弘扬和培育民族精神的重点

在高校思想政治教育中弘扬和培育民族精神是一个庞大的系统工程，不仅要明确基本原则，更要把握住重点。当前，弘扬和培育民族精神应把握三个重点。

第一，加强爱国主义教育。爱国主义是我国民族精神的核心和精髓，是实现中华民族伟大复兴永不枯竭的精神动力。长期以来，由于爱国主义教育内容缺乏层次性、时代感，教育目标的可操作性与可实现性弱，教育方法单一、滞后，因而使爱国主义教育收效甚微。青年学生虽然接受了不少的爱国主义教育，但现实中很难将爱国主义与自己的个体价值选择、时代特征与社会需求结合起来，他们知道应该爱国，但却不知道怎样爱国。因此，对青年学生进行以爱国主义为核心的价值取向教育，系统化、层次化地构建爱国主义

教育内容体系，充分利用各种新载体，创新爱国主义教育新途径，是当前弘扬和培育民族精神应予以高度重视的重要内容。

第二，弘扬和培育诚实守信的品格。“诚实守信”是中华民族传统美德的一个重要品格，是弘扬和培育民族精神的重要内容。虽然我们一直在注重诚实守信品格的弘扬和培育，但当前社会诚信缺失现象比较严重，高校学生不守诚信的现象比比皆是：例如，撒谎，欺骗家长、老师、同学；不能正视自己的缺点和错误，讳疾忌医；学习不认真，抄袭别人的作业，考试舞弊；虚荣心强，好表面功夫，不真抓实干，争功诿过；借别人的东西不及时归还，捡到东西不归还失主；等等。这些不良行为和习惯，不仅影响了个人的成长，而且对校风建设和社会诚信品格树立也存在较大的不良影响。因此，弘扬和培育诚实守信的品格意义重大。

第三，弘扬和培育自立自强的精神。学生自立自强精神的培育是个体成长与发展完善的必由之路，对民族精神的弘扬和培育具有重要的社会价值和战略意义。然而，当前由于家庭经济条件普遍提高，许多高校学生在家庭中娇生惯养，生活上不能自理，学习和工作中满足现状，做事半途而废，对他人依赖性较大。更有甚者产生浮躁和投机取巧心理，不想通过个人努力取得成功，稍有挫折就自暴自弃。只有让学生树立起自立自强的精神，才能充分发挥他们的主观能动性，消除各种消极情绪，正确地对待困难和挫折，脚踏实地获得成功。因此，对高校学生进行自立自强精神的弘扬和培育是十分迫切的时代课题。

三、高校思想政治教育中弘扬和培育民族精神的现实选择

中华民族要始终走在时代前列，就应保持民族精神的先进性。这就要求不仅要弘扬民族精神，而且要根据时代的进步、世界的发展和社会的要求，不断培育民族精神。在弘扬中培育，在培育中弘扬，是保持民族精神的活力，赋予其强大生命力的唯一办法。充分发挥学校教育的主渠道作用，注重实践，坚持理论指导与实践培养的结合，增强实效性是高校思想政治教育中弘扬和培育民族精神的现实选择。

第一，充分发挥学校教育的主渠道作用。要充分利用专门的思想政治课程，如《思想道德与法律基础》对青少年进行系统的民族精神教育。要在教育教学中，将以爱国主义为核心的民族精神教育融合到课程内容中。同时，注重民族精神教育的明确化和具体化，将已经达成共识的民族精神明确下来，让高校学生更好地认同与把握。不仅如此，还要以开放的态度，学习、吸收其他民族的优秀精神来培育新的民族精神，促进民族精神的进一步发展，使我们的民族精神教育具有国际化的视野。

第二，坚持理论指导与实践体验的结合，凸显主体性，

增强时效性。教育的有效途径就是让学生学会体验，尤其是有深度的体验。在高校思想政治教育中弘扬和培育民族精神要特别注重理论指导与实践体验的结合，要通过各种方式和手段使学生参与实践，在实践中进行理论指导。例如，可以让学生参与校园文化环境建设、组织学生瞻仰革命遗址、组织民族精神弘扬和培育方面的辩论赛，等等。在体验中进行引导，让学生进行思考和辨别，在体验中进行自主教育，感悟和认同民族精神。

民族精神的弘扬和培育事关中华民族的前途命运，在高校思想政治教育中高度重视学生群体的民族精神教育是百年大计，需要学校、社会和家庭齐心协力，齐抓共管，承担相应的责任。

参考文献

[1] 王钊．全球化背景下中华民族精神的弘扬和培育初探 [J]. 世纪桥，2012(5).

[2] 詹小美．民族精神论 [M]. 广州：中山大学出版社，2007.

[3] 丁银新．培养青少年诚实守信的美德 [J]. 湖南教育，2000(23).

[4] 华轶．浅谈如何培养当代学生自立自强的精神 [J]. 视野，2010(11).

疫情防控背景下大学生网络思政教育工作的几点思考

张颖　彭年秀

（重庆城市科技学院　重庆永川　402167）

摘要： 随着互联网技术的不断进步、融媒体时代的到来，大学生对信息的接收更加迅速便捷、也更加多样化，使得高校思想政治教育工作面临着新的机遇与挑战。当前，新冠疫情防控形势仍然呈现出复杂化、常态化特点，在特殊的时代背景下，高校教育工作者尤其是辅导员理应利用好网络阵地，丰富大学生网络思政教育的形式和内容，引导大学生认识时代使命、树立责任意识和正确的价值观。

关键词： 网络；疫情；思想政治教育

自 1994 年接入 Internet 的 64K 国际专线以来，我国实现了和国际互联网的全功能连接、开启了数字社会发展的时代[1]。1997 年，由中国互联网络信息中心针对中国互联网发展状况进行多角度的全面统计调查，所形成与发布的第一次《中国互联网发展状况统计报告》（以下简称：《报告》）显示，我国网民规模仅 62 万，互联网普及率仅 0.03%。党的十八大以来，我国持续加快推进网络强国建设、推动提升了互联网发展质量，互联网普及率也持续上升。经过 20 余年的飞速发展，随着我国5G互联网建设和普及不断深化、信息无障碍等服务持续推进，第五十次《报告》显示，截至2022年6月，我国网民规模稳步增长、已突破10.51亿，互联网普及率达到74.4%，其中，年龄段在10～19岁的网民占比为13.5%、20～29岁的网民占比为17.2%。

跟随着数字化浪潮成长起来的“00后”大学生，所生存和活动的物质环境及思想环境都附带有网络的印记，享受着智能化在日常出行、信息获取、消费支付、办事服务、看病就医等多方面带来的便利。互联网的蓬勃发展和进步使信息的输出、传播、获取渠道和形式多样化，在迅速和便捷的优势之外，也具有着鱼龙混杂、真假难辨、主观性强的特点。

彼时，新型冠状病毒肆虐、疫情形势不容乐观。在这一特殊的时代背景下，党中央高度重视、紧密部署、积极迎战疫情，通过互联网媒介的实时性优势，将科学防疫的知识、抗疫过程中的先进事迹及时广泛地传播给全国人民，各部门与各界人民通力合作、互相配合，认真落实做好抗疫工作。其中，大学生作为实现中华民族伟大复兴的后备军，同样担起了时代使命和责任，充分发挥青年声音、青年力量、青年智慧，为疫情防控作出重要贡献。但互联网的自由性、开放性也为各种不当言论提供了传播渠道，西方国家大肆宣扬的错误意识形态、扭曲价值观，各种敌对势力利用当前敏感问题、歪曲事实、隐蔽传播，对于大学生的思想道德政治教育、身心健康成长、世界观人生观价值观的树立都是极大的挑战。

1. 加强思政教育，坚定理想信念

对于青年学生，党和国家始终高度重视其思想政治教育和引领工作。毛泽东主席曾说：“世界是你们的，也是我们的，但是归根结底是你们的。你们青年人朝气蓬勃，正在兴旺时期，好像早晨八九点钟的太阳。希望寄托在你们身上。”习近平总书记在全国教育大会上的讲话中指出：“我们的教育绝不能培养社会主义破坏者和掘墓人，绝不能培养出一些‘长着中国脸，不是中国心，没有中国情，缺少中国味’的人！”

高校大学生的思想政治教育旨在提高学生思想水平和政治觉悟，引导学生形成优秀的道德品质、树立正确的理想信念，为中国特色社会主义的发展和中华民族的伟大复兴培养出合格建设者和可靠接班人。新冠肺炎疫情期间，国内外关于疫情等热点问题的相关讨论甚嚣尘上，当代大学生普遍个人意识较强、思想和行动具有独立自主性，集体意识和社会意识较弱，且由于网络强大的互动性和包容性，更容易受敌对势力言论的影响，导致对问题的认识不全面而产生不恰当甚至于偏激的言论。因此，高校工作中，应该加强学生的网络思政教育管理和引导，通过各种相关主题班会、团日活动、定期谈心谈话等形式，形成从学校、学院辅导员及专职教师、班级骨干直至各寝室人员的传达教育和影响，同时充分发挥大学生党员的同辈教育作用[2]，在日常生活中督促身边同学提高明辨是非的能力，抵制不良信息的引导。

2. 脚踏实地规划未来，求真务实远离诈骗

新冠疫情的暴发和反复，对人们在现实生活中的工作学习甚至于心理都产生了极大影响，市场经济的不景气，在某种程度上滋生了不法之徒实施“互联网 + 诈骗”，数据显示，遭遇网络诈骗的网民比例为 17.8%，其中，虚拟中奖信息诈骗是网民最常遭遇的网络诈骗类型，占比为 37.5%；遭遇网络兼职诈骗的比例为 23.7%；遭遇利用虚假招工信息诈骗的比例为 21.5%。侧面反映出经济下行、就业市场不景气带来的负面影响。

近年来，高校扩招政策使得高等教育普遍化，实现了从“精英教育”到“大众教育”的转变，高校毕业生人数随之增加，2022 届已超 1000 万。据“中国大学生追踪调查（PSCUS）项目”在疫情暴发前后对应届毕业大学生的就业压力对比可知，疫情来袭后，毕业生的就业率下降、对未来经济发展的预期偏向悲观；且有数据显示，2022 年破产的公司单位超过 46 万，市场需求缩减，使得就业人数与就业岗位数的不匹配度再次加深。

就业是最大的民生，在“六稳”工作、“六保”任务中，就业都处在首要位置。2020 年，习近平总书记在给中国石油大学（北京）克拉玛依校区毕业生的回信中说：“各级党委、政府和社会各界要切实做好高校毕业生就业工作，采取有效措施，克服新冠肺炎疫情带来的不利影响，千方百计帮助高

校毕业生就业，热情支持高校毕业生在各自工作岗位上为党和人民建功立业。”

面对毕业生人数增加但经济下行、就业岗位紧缺、就业竞争压力增大的现实情况，高校应合理有效且提前做好就业指导工作。一方面，要积极对接用人单位、举办线上的网络双选会[3]，拓宽学生的就业渠道、做好毕业生与用人单位之间的桥梁；同时举办相关讲座和就业人员分享会等活动，为学生提供择业技巧、简历制作、面试等实践性培训。另一方面，高校的就业指导部门及一线工作辅导员要加强就业思想教育工作，通过职业生涯规划班会，总体介绍就业、创业、国内考研、国外升硕、考公考编等多个方向，分析对比各方向的形势与所需做的准备；同时进行谈心谈话或座谈会，帮助学生分析自身优势和能力、引导学生结合自身意向和地区家庭等各项因素树立起就业目标、继而针对性进行准备。此外，在就业指导过程中，也要注意引导学生转变“一步到位”的就业观念、树立先就业再择业以及主动创业的职业目标，促进解决企业无人可用、毕业生无岗可入的问题。

在互联网急速发展，并全面应用于日常生活中的各种场景，另有就业形势仍旧严峻复杂，作为高校中进行大学生思想政治教育的主力军之一，辅导员应当了解当前工作面临的挑战、存在的问题，积极探索网络思政教育方式方法，将大学生教育工作做实、做精、做好，积极从“两个大局”出发，落实为党育人、为国育才的思想、工作、制度要求。

参考文献

[1] 姜硕 . 新媒体环境下高校思想政治教育创新略论 [J]. 媒介教育，2014(2)：90-91.

[2] 洪杉杉 . 党员干部在高校思想政治教育工作中先锋模范作用发挥的路径探析 [J] . 改革与开放，2020(2)：35-37.

[3] 孙飞，赵攀 . 互联网 + 时代下高校思想政治教育创新研究 [J] . 山西财经大学学报，2016(2)：111-112.

高校辅导员对新时代大学生爱国主义精神培育路径研究

钟香林　任雪羽

（重庆城市科技学院　重庆永川　402167）

摘要：在当今复杂的社会，对于还没有建立成熟三观的新时代大学生来说，非常容易受到外界的不良影响。作为大学生的思想引路人，高校辅导员应该重视他们的爱国主义教育，避免空洞说教、泛泛而谈，教育形式单一的误区。高校辅导员在对大学生进行爱国主义教育时，应该注意几点：首先，教育形式要多样；其次，教育方式要有针对性；最后，鼓励学生投身实践。

关键词：高校辅导员；新时代大学生；爱国主义教育

一、引言

在当今这个社会矛盾错综复杂、多元文化相互影响、网络信息良莠不齐的时代，使得高校思想政治教育的外部环境更为复杂，容易对还未建立成熟三观的新时代大学生造成不良影响。[1] 高校辅导员是新时代大学生思想政治教育工作中无法缺少的角色。[2] 爱国主义是中华民族的光荣传统和崇高美德，也是中国各民族大团结的政治基础和道德基础。[3] 所以高校辅导员要把爱国主义教育置于思想政治教育的核心地位，要通过多种形式潜移默化地让新时代大学生将爱国主义精神铭记于心，实践于行。[4]

二、路径选择

（一）多样的教育形式

作为高校辅导员，在对学生进行爱国主义教育时应注意，形式不能过于单一，否则很可能没有作用。高校辅导员应该创新教育方式，充分发挥自身管理者和指导者的优势，通过各种各样的方式对学生进行爱国主义精神的传达和融入。一是通过宣讲爱国主义相关理论、历史英雄人物伟大事迹等来让学生对此有一个初步认知，如高校辅导员进行爱国主义主题班会、观看英雄人物电影或者纪录片等方式让他们初步了解何为爱国主义。二是通过让学生参与到相关活动中，让他们进一步熟悉。如通过举办爱国主义演讲比赛、主题征文活动、手抄报活动、歌唱比赛、知识竞赛等方式让他们进一步对爱国主义有更深入了解，慢慢树立起爱国主义的信念。三是通过让学生将爱国主义运用于实践，做到知行合一。如鼓励学生参加“青年志愿者”活动，在实际中感受到我国的强大与团结，亲身体会到一方有难、八方支援的震撼，亲身感受我国人民至上、生命至上的神圣，以此加强学生对祖国的热爱，提升爱国主义信念。

（二）有针对性的教育方式

作为高校辅导员，应学好心理学，要明白对不同性格的学生用相同的教育方式显然不可取，应该要有更具针对性的爱国主义教育方案。首先，在教育内容上要时刻创新，不能将书本内容完全照搬，这样会引起学生抵触心理。应该将理论和实践相结合，不要把爱国主义教育工作弄成说教，而是和学生交心、沟通、交流。其次，要贴合他们的生活实际来进行爱国主义教育，太过“高大上”，只会让学生觉得难以理解且空洞，只有“接地气”，他们才会有感情共鸣，也更能接受。最后，高校辅导员要发挥自身榜样作用，以身作则，在一言一行中都要展现出自己的爱国主义精神，这样在潜移默化的教育中，让学生对爱国主义有更深刻的领悟。

（三）鼓励学生投身实践

作为高校辅导员，通过各种方式、千方百计对学生进行爱国主义教育，就是希望他们在进入社会时拥有爱国主义精神，在实际行动中体现出来。鼓励大学生走出校园，走入社会，了解更多校园中不曾了解的国计民生，是对大学生最生动形象的爱国主义教育，这种方式一定会让他们印象深刻，永生难忘。如通过社会调研活动，让他们去实际了解身边的英雄人物，有助于加强他们的使命感，也会更加深刻体会到爱国主义精神的内涵，并在实际行动中有所体现。

三、结论

作为大学新生思想政治工作的引路人和教育者，高校辅导员应该将爱国主义教育融入学生日常管理工作中，不一定非要特意开爱国主义教育主题班会才行，如在日常查寝、与学生谈话的过程中都可以不着痕迹地进行爱国主义教育。对高校辅导员来说，要想做好对学生的教育，首先应该提升自己的爱国主义素质，除了拥有一定理论基础外，还应该时刻关注时事政治，将理论和时政结合，以便对学生进行更好更生动的教育。同时高校辅导员还应该多多学习历史，才能在教育学生中引导其正确看待历史人物的英雄事迹。但高校辅导员在对大学生进行爱国主义教育时往往容易走入一些误区，这些误区很有可能会导致效果不如人意，效率也不够高。常见的有两个误区：一是在进行爱国主义教育时太过空洞说教、泛泛而谈。高校辅导员在对自己所带学生进行爱国主义教育时，可能会出现反复给学生强调要爱国，要培养爱国主义意识，要树立爱国主义精神，但是没有给学生讲究竟什么是爱国，什么是爱国主义，怎样才叫爱国等具体的问题。这样可能会导致辅导员给学生强调了一百遍要爱国，学生们也不知道什么是爱国。二是进行爱国主义教育的形式过于单一。一般高校辅导员对学生进行爱国主义教育都是通过班会给学生讲解 PPT，这种情况下与学生互动较少，学生也缺乏思考的机会。这样就会导致学生听过转眼就忘，并没有真正记在心里，最后教育的效果也会大打折扣。

参考文献

[1] 肖怡．新时代大学生爱国主义教育存在的问题及对策研究 [D]. 四川师范大学，2020.

[2] 冯岩．高校辅导员在新生爱国主义教育中的重要作用 [J]. 山海经，2015(19)：135.

[3] 王頔．浅谈高校辅导员如何引导学生树立正确的爱国观 [J]. 教师，2011(6)：12-13.

[4] 孟丽．论新时代大学生爱国主义教育的新机遇与新举措 [J]. 学校党建与思想教育，2021(5)：27-29.

建功新时代 辅导员“大有可为”

周文 彭丽

（重庆城市科技学院 重庆永川 402167）

摘要：习近平总书记在党的二十大报告中深刻阐释了教育和人才对国家事业发展的战略性作用。青年学生是国家的未来，民族的脊梁，青年强则国家强。而辅导员作为开展大学生思想政治教育的骨干力量，承担着为党育人、为国育才的重大使命。在“两个一百年”奋斗目标的历史交汇点，在全面建设社会主义现代化强国的新征程上，高校思想政治辅导员使命在肩、责任重大、大有可为。

关键词：辅导员；辅导员工作；党的二十大

习近平总书记在党的二十大报告中明确指出，教育、科技、人才是全面建设社会主义现代化国家的基础性、战略性支撑。办好人民满意的教育就是要全面贯彻党的教育方针，落实立德树人根本任务，坚持为党育人、为国育才，全面提高人才自主培养质量，培养德智体美劳全面发展的社会主义建设者和接班人。而辅导员作为开展大学生思想政治教育的骨干力量，作为高等学校学生日常思想政治教育和管理工作的组织者、实施者、指导者，对大学生成长成才、健康生活、成为国之栋梁、民族脊梁的过程中起着不可忽视的重要作用。

在深入学习贯彻党的二十大精神后，结合自身工作经验以及对辅导员工作的理解和思考，本文认为新时代辅导员可以在学生思想引导、学习向导、生活辅导、心理疏导、就业指导五个方面积极作为，为国家事业发展输送源源不断的人才，助力学生成长为又红又专、德才兼备、全面发展的中国特色社会主义合格建设者和可靠接班人。

一、积极做好学生思想引导

要做好学生的思想引导工作，必须把理想信念教育放在首位，全面贯彻党的教育方针，以立德树人为根本，以理想信念教育为核心，以社会主义核心价值观为引领，培养学生具有坚定社会主义信念和共产主义理想。首先，辅导员应引导学生不断加强理论学习，用党的科学理论武装学生头脑，保持政治清醒，让共产主义信仰在学生心中牢牢扎根，引导学生扣好“人生第一粒扣子”。其次，辅导员应积极探索思想政治教育的新途径、新方法，做好网络思想政治教育，通过微信、微博客户端等学生喜闻乐见的方式开展思想政治教育，提高育人实效。最后，辅导员还要积极搞好党团和班级建设，充分发挥党员干部的榜样示范引领作用，积极举办“向榜样学习”等系列主题班会和“榜样先进事迹”等系列宣讲会，唤醒学生自我管理、自我教育主动性、积极性，切实增强教育实效。

二、积极做好学生学习向导

要做好学生的学习向导工作，辅导员自身必须要不断加强学习，树立终身学习理念。常言道，老师要有一桶水才能给学生一杯水。首先，辅导员要主动学习了解学生所学的专业基本情况，积极与专业老师沟通了解学生学习状况，通过有效的方式激发学生学习兴趣、养成良好的学习习惯以及掌握正确的学习方法。其次，辅导员要及时发现学习有困难的学生，并采取及时的谈心谈话，了解清楚原因后对症下药，帮助此类学生重拾学习信心并鼓励其积极采取行动。再次，辅导员要适时给学生做一些学业规划，解答学生学习方面的困惑，帮助学生更好地确立学习和未来的发展目标。最后，对于有特定共同目标的学生，还可以搭建对应的学习小组，如英语学习小组、计算机学习小组等，通过学习小组的相互督促、有效激励，激发学生的学习积极性和有恒性，最大限度地转化学生的学习效果。

三、积极做好学生生活辅导

要做好学生的生活辅导工作，辅导员必须对各项学生日常管理工作的内容、方法、流程、注意事项烂熟于心。首先，做好新生入学教育、毕业生教育工作。入学教育包含但不仅限于规则意识、责任意识、学习意识的教育，通过入学教育引导学生树立遵守校规校纪的规则意识、树立对自己负责的责任意识、树立学习第一的学习意识；毕业生教育主要包括但不限于就业观念教育、安全教育、爱校荣校教育等，通过毕业生教育帮助学生形成正确的就业观、择业观，增强安全意识和自我保护意识。其次，做好学生资助、奖助工作。学生资助奖助工作是国家对学生顺利完成学业的一项重要支持性工作，该项工作的顺利开展尤为重要。需要注意的是在开展此项工作的过程中一定要严控标准、把关流程、注意细节，务必做到公平公正公开。最后，还要做好困难学生帮扶和学生生活指导。针对困难学生，可以组织学生开展勤工俭学活动，减轻其家庭负担，同时为学生提供人际交往的有益指导与建议，帮助其发展良好的人际关系。

四、积极做好学生心理疏导

要做好学生的心理疏导工作，必须要主动学习心理健康专业相关知识。心理健康对于大学生的学习、生活、交友、未来发展都尤为重要，因此辅导员要高度重视此项工作。首先，定期开展谈心谈话。通过一对一的面对面交流去了解学生真实的想法、担忧和顾虑，同时也能借助谈心谈话初步评估学生的心理状态，做到心中有数。其次，定期开展心理健康教育。辅导员可涉猎学习一些心理健康教育的知识，例如人际交往、亲密关系等，在自身消化理解后通过专题讲座的形式、微文的方式向学生传达，引导学生养成理性平和、乐观向上的健康心态。再次，建立重点学生心理档案。辅导员要定期跟踪、回访有潜在心理危机或曾发生过心理危机的学生。最后，可以定期开展心理学读书会。辅导员可以通过向学生推荐阅读相关有益的心理学书籍，定期召开分享交流会，让学生在阅读过程中自我教育、自我疗愈，获得心智的提升与成长。

五、积极做好学生就业指导

要做好学生的就业指导工作，必须要对学生所学专业的就业现状、就业前景有一定的把握。首先，帮助学生进行自我认识和自我定位。借助一定的职业测评工具（霍兰德职业测评工具），让学生充分了解自己、全面客观认识自己，从而为自己树立合理的职业目标。其次，通过社会热点、新闻，帮助学生了解就业现状和就业形势，旨在让学生有一定的危机感，看到自身差距的同时明白努力的方向和目标。最后，引导学生树立正确的就业观、择业观，引导学生将个人的前途命运与国家事业发展紧密结合，引导学生到基层、到西部、到祖国最需要的地方建功立业。

辅导员的工作看似烦琐，但却有其内在的逻辑，主要体现在学生的思想、学习、生活、心理、就业等五个方面。辅导员扮演着大学生成人成才的人生导师和健康生活中知心朋友的双重角色和身份，因而更要不断奋发向上，积极作为，在平凡的工作岗位上干出不平凡的工作业绩！同时，在全面建设社会主义现代化的新征程上，高校辅导员要继续坚持为党育人、为国育才的初心使命，踔厉奋发、提高本领、积极作为，在学生思想上积极引导、在学生学习上做好向导、在学生生活上耐心辅导、在学生心理上及时疏导、在学生就业上科学指导，为把学生培养成又红又专、德才兼备、全面发展的中国特色社会主义建设者和可靠接班人而不懈奋斗！

新时代高校思政教育工作中落实立德树人的策略研究

周政霖　唐继龙

（重庆城市科技学院　重庆永川　402167）

摘要：党的二十大是中国共产党和新中国历史上一次具有深远意义的重要会议，它对实现中华民族伟大复兴以及第二个百年奋斗目标具有深远意义。以新的历史起点为基准，新时代的高校将始终全面贯彻党的教育方针，落实立德树人的根本任务，扎实推进高校学生思政教育工作，全面建设社会主义现代化国家，培养合格且德智体美劳全面发展的社会主义接班人和建设者，以及全面推进中华民族伟大复兴。立德树人是教育的根本任务，而新时代更是对立德树人提出了更严厉的举措、更苛刻的标准和更严格的要求。因此，通过文献研究法和调查分析法研究如何在新时代的高校思政教育工作中落实立德树人工作具有实际意义。

关键词：立德树人；高校；新时代；思政教育

一、研究背景

党的十八大上，立德树人就已经首次被确立为教育的根本任务以及作为中央层面的教育导向；党的十九大上，习近平总书记在报告中进一步指出“培养合格且德智体美全面发展的社会主义接班人和建设者，不仅需要落实立德树人根本任务和全面贯彻党的教育方针，更要大力推进教育公平和发展素质教育”；党的二十大上，习近平总书记在报告中指出全面建设社会主义现代化国家需要人才、科技和教育的有力支撑，在加快建设人才强国、教育强国和科技强国中，不仅要坚持人才引领驱动、教育优先发展以及科技自立自强，还需要坚持把创新作为第一动力、科技作为第一生产力以及人才作为第一资源。高校作为培养社会主义合格接班人的摇篮，如何做好学生思政教育工作不仅将会影响学生发展的质量，而且还会影响社会的稳定；特别是对于新时代的高校思政教育工作，如何落实立德树人的育人机制更是值得探索与思考。因此，本文通过文献研究法和调查分析法对如何在新时代的高校思政教育工作中落实立德树人工作进行了研究。

二、研究分析

本文对某高校正在开展思政工作进行了调查问卷分析，结合文献查阅以及调查结果发现以下问题。

第一，部分思政教育工作者政治素养不高。在思政教育工作者素质上，往往出现：①立德树人意识有待加强，特别是很多非党员的专业课老师管理工作中不重视。②存在重科研轻教学现象，往往缺乏对实践方面的引导。③存在不公平现象，特别是某些老师在教学中差别对待。

第二，管理制度不健全，管理体系不完善。在管理制度上，往往出现：①质量评价机制不完善，如日常思政、网络思政、党团实践活动和后勤服务工作的不平衡。②制度安排与激励机制不健全，如工作制度具有滞后性、工作制度的可操作性不强以及激励机制对思政工作者的激励作用并不明显。

第三，育人主体职责不明确，“三全育人”机制不充分。在“三全育人”机制上，往往出现：①全员育人主体职责不明确，主要是学生在除高校外的家庭和社会中接触思政教育有限。②全程育人有效衔接不充分，主要是课堂内外缺乏有效衔接、校园内外缺乏有效衔接以及成长阶段缺乏有效衔接。

三、研究总结

习近平总书记强调：立德树人作为教育本质，无论是基础教育或者职业教育，还是高等教育或者其他教育，其学科建设、育人建设和专业建设都要围绕立德树人的目标来进行；老师要以该目标进行教学并把立德树人渗透到社会实践、思想道德和文化知识等教育环节中，学生更要以该目标进行学习。落实立德树人的策略途径包括以下三个方面。

第一，强化政治素养，提高政治素质。包括：①坚定科学的政治信仰。②汲取丰富的理论知识。③将理论知识融入课堂教学，用党的科学理论回答“立何德，树何人”的问题。需增强教学能力，包括：①采用思想政治教育学主体间性理论所倡导的师生互动模式。②提高语言表达的时代性，采用学生喜闻乐见的表达方式。③在实践教学中融入访谈、服务，通过实践增强影响力。需加强道德修养，包括：①激发思政工作者立德树人的主体意识。②充分发挥师德制度的约束作用。③强化道德模范标兵的榜样效果。

第二，健全“三全育人”机制，明确育人主体职责。包括：①扩大育人范围。②明确领导干部职能和权责。③提高学生的自我教育意识。做到推进全程育人的无缝对接，包括：①要依据学生在不同成长环节的不同需求制定多样化培养目标。②高校思想政治工作既要关注国家大事，也不能忽视学生需求小事。做到促进全方位育人的协调配合，包括：①突出教育的服务功能。②全面关心大学生。③网上网下互联互通。

第三，完善管理制度，优化质量评价标准和方式。包括：①要确立高校思政工作质量评价标准。②要创新高校思政工作质量评价方式。涉及推进激励机制长效化，包括：①明确思政工作的管理体制。②建立对思政工作者的考核指标。

参考文献

[1] 王亚男．新时代高校立德树人的内容、特征及发展趋势 [J]. 高

校辅导员，2022(4)：14-18.
[2] 李倩，王琥琢. 立德树人：高校思想政治教育的价值意蕴及实践路径 [J]. 西北成人教育学院学报，2022(4)：61-68.
[3] 曹立庆. 社会主义核心价值观融入高校立德树人实践路径 [J]. 科教文汇，2022(19)：28-31.
[4] 高禹. 新时代立德树人教育评价导向下“三型”人才培养路径 [J]. 黑龙江科学，2022(17)：79-81.
[5] 戴明涛，庚荣. 论新时代立德树人视域下高校“三全育人”机制构建 [J]. 信阳农林学院学报，2022(3)：118-121.